Anday^{エニディ}を
電子レンジにかけて、
すぐごはん!

牛尾理恵

文化出版局

PART 1

主菜

CONTENTS

PART 2

ご飯、麺

Anydayはアメリカ生まれの
おしゃれな調理器

エニディ

Anyday はフォルムも美しい耐熱のすりガラス製です。だから、器代わりにそのまま食卓に出して楽しむことができます。
ガラス製品はシリコーン製品のようなにおいや色がつくこともなく、何度でも繰り返し洗って使える点でも優秀です。

16cm深型ディッシュ　煮物やシチュー、鍋物、汁物などに。

安全でちょっと重めのガラスぶたは
食材の飛びはねを防止

加熱中はバルブを引き上げ、蒸気を排出。
スタッキングするときは下げる

ステンレスリング

持ちやすいようにサイドの
カーブが設計されている

18cm浅型ディッシュ　炒め物や焼き物、蒸し物などに。

材質／ほうけい酸ガラス（本体）、シリコーン（バルブ、パッキン）、ステンレス鋼（リング）

- 加熱後は高温になっている場合が多いので、必ずミトンなどを使って持ち、鍋敷きの上に置いてください。
- 電子レンジ、オーブン以外で加熱調理はできません。
- 加熱後はぬれているところや冷たいところに置いたり、熱い状態で冷たい水を入れたりしないこと。
  急激な熱変化はガラスが割れる原因に。
- 一度に Anyday 2 個の電子レンジ加熱はできません。
- 電子レンジ庫内壁より 3 cm離してください。
- 液体類の冷凍はできません。

電子レンジで快速調理ができる

Anyday を使えば調理の手間をいくつも省きながら、おいしい料理を手早く上手に作ることができます。食材と調味料などの水分を入れてふたをし、ふたについたバルブを引き上げてから電子レンジへ。バルブの空気孔から余分な蒸気を外に逃がしつつ、食材が持つ水分にマイクロ波が反応して、蒸気で調理する仕組みです。また、ふたのまわりのパッキンが、食材の風味をしっかり閉じ込めるので、ぱさつかず、しっとりとおいしく仕上がります。

電子レンジでの加熱中はバルブを引き上げ、蒸気を排出

バルブを引き上げる

バルブの空気孔から蒸気を排出するので、圧がかからない

裏

シリコーンのパッキンつきだから、調理中は水分をしっかりと保つため食材がぱさつかない

機密性が高く、おいしく冷蔵保存ができる

Anyday は保存容器としても便利に使えます。冷蔵庫に入れるときは、ふたのバルブを下げてください。すると中の空気が押し出されるので、おいしさが長もち。バルブを下げれば Anyday を二つ重ねて置くこともできる構造です。

また食材を加熱すると中の体積が膨張するので、ふたのバルブを下げて冷ますと、真空状態にすることもできます。空気に触れないので酸化を抑え、鮮度を長く保つことができる仕組みです。

※オーブン使用可（ボウル260℃、ふた200℃まで）
※冷凍庫使用可（冷凍庫から取り出し、そのまま電子レンジで加熱できる）

保存するときはバルブを下げ、機密性を高くキープ

バルブを押し下げる

バルブの空気孔が内部に入るので空気を通しにくくし、鮮度を保つ

裏

Anydayに仕込んでおけば、帰ってすぐにごはんができます

Anyday に食材と調味料を仕込んでおけば、あとは電子レンジにかけるだけ！
あつあつのできたて料理がいつでも楽しめて、毎日の食事作りがぐんとラクになります。

材料 ● 2人分

● 16cm深型ディッシュ

豚こま切れ肉…100g

キャベツ（3cm角）…100g

にんじん（細切り）…30g

もやし（ひげ根を取り除く）…50g

A ┌ おろしにんにく…1かけ
  │ オイスターソース…小さじ2
  │ しょうゆ、酒、みりん、
  │   ごま油…各小さじ1
  └ 塩、こしょう…各少々

肉野菜炒めの作り方

1 下準備

a 豚肉に調味料をからめる

「深型ディッシュ」に豚肉を入れ、混ぜた
Aを加えて菜箸でよく混ぜる。

b 野菜を加える

aにキャベツ、にんじん、もやしを入れ、
さらによく全体を混ぜる。

2 冷蔵庫へ

冷蔵庫で保存する

すぐに食べないときは、ふたをしてバルブ
を下げ、冷蔵庫に入れて保存すると便利。

3 電子レンジへ

加熱する

加熱する前にバルブを上げ、電子レンジ
600Wで5分（冷蔵庫に入れない場合は4
分）加熱する。

●電子レンジは出力600Wを使用。加熱時間はお手持ちのもので調整してください（p.8参照）。

●1カップは200mℓ、大さじ1は15mℓ、小さじ1は5mℓです。

●塩は天然塩、砂糖は上白糖、しょうゆと表示されたものは濃口しょうゆです。

●本書のレシピは、冷蔵保存をせずに加熱する時間を紹介しています。

　冷蔵庫で6〜8時間保存した場合、炒め物やソテーなど汁気がない料理は1分、

　煮物や鍋、ご飯など汁気のある料理は2分、多めに加熱します。

●冷蔵保存に適した料理はPART1、PART2のご飯料理、PART3の鍋料理です。

●液体類は冷凍できません。

でき上がり

加熱が終わったら、Anydayの中で料理を大きくひと混ぜする。

すると食材も味もよく混ざり、見た目にもふわっとおいしそうに

仕上がる。

電子レンジ調理で大切なこと

ふたの使い方

Anydayのガラスぶたは少し重さがあり、内側のシリコーン製パッキンによって密閉されるので、加熱中の食材や調味料の飛びはねを防いでくれます。

[ふたをする] 基本的には、ふたをして電子レンジにかけます。その際、ふたのバルブを引き上げると空気孔が現れ、食材や調味料から出る蒸気を適度に逃がすので、おいしく調理ができます。

[ふたをしない] 鶏肉の照り焼きを作りたいときや、パン粉を揚げたようにかりかりにしたいときは、あえてふたをしません。すると余分な水分が飛んで、焼いたり、揚げたりしたような仕上がりになるからです。

電子レンジ庫内に置く位置

電子レンジ庫内壁より3cm以上離してください。

[ターンテーブルなし] 庫内全体に電磁波を拡散させるタイプの電子レンジは、ターンテーブルがありません。その際はAnydayを庫内中央に置きます。

[ターンテーブルあり] 中央に電磁波が届きにくいタイプの電子レンジの場合、Anydayをターンテーブルのふちに沿って置くと効率よく加熱されます。

加熱の途中でチェック

電子レンジは加熱しすぎると後戻りができないので、ときどき中の様子をチェックすることが大事です。冬、室温が低いときは、指定の時間では加熱が足りないことや、電子レンジを続けて使用すると庫内の温度が高く、指定の時間より早く加熱されることもあります。いずれにしても加熱しすぎないよう注意して、途中、取り出して中の状態を見ながら加熱すると、失敗がありません。

加熱時間の目安

出力600Wの場合。500Wのときは1.2倍、700Wのときは0.8倍にしてください。

食材	分量	加熱時間	下ごしらえ
ブロッコリー	200g	4分	小房に分けて水にくぐらせる
じゃがいも	2個(280g)	5分	一口大に切る
さつまいも	1本(300g)	5分	5mm幅の半月切り
かぼちゃ	正味300g	5分	3cm角
なす	3本(240g)	3分	皮をところどころむき、水にくぐらせる
白米	1合+水220㎖	16分	水に30分つけて水気をきる
ショートパスタ	100g+水1カップ	袋の表示時間+1分	
鶏むね肉	1枚(300g)	6分	塩、酒をふり、長ねぎの青い部分をのせる
豚もも薄切り肉	100g	3分	塩、水をふる
切り身魚	2切れ(200g)	7分	塩、酒をふる

PART 1

主菜

チキンカレーや煮込みハンバーグ、アクアパッツァやえびチリも、
Anydayなら手早く簡単にできて、納得のおいしさ。
忙しい毎日のごはん作りにぜひご活用ください。

材料 ● 2人分 ● 18cm浅型ディッシュ

鶏むね肉（皮つき）... 1枚（300g）

長ねぎの青い部分 ... 1本分

塩 ... 小さじ½

酒 ... 適量（約¾カップ）

A ┌ にんにく、しょうが
　　　（各みじん切り）... 各½かけ
　　長ねぎ（みじん切り）... 5cm
　　鶏肉の蒸し汁、しょうゆ
　　　... 各大さじ1
　　オイスターソース、酢 ... 各大さじ½
　　ラー油、砂糖 ... 各小さじ1
　　白いりごま ... 小さじ½
　　└ 粉ざんしょう ... 小さじ¼

パクチー（ざく切り）、
　　バターピーナッツ（刻む）... 各適量

1 鶏肉は皮目をフォークで数か所刺して穴をあける（**a**）。皮目を下にして「浅型ディッシュ」に入れて塩をまぶし、長ねぎをのせて酒を回し入れる（**b**・酒は鶏肉の厚みの⅓量が目安）。

2 ふたをしてバルブを上げ、電子レンジ600Wで3分加熱する。

3 鶏肉を裏返し（**c**）、同様に電子レンジでさらに3分加熱する。バルブを下げ、粗熱を取る（**d**）。

4 器に食べやすく切った鶏肉を盛り、混ぜた**A**をかける。パクチー、バターピーナッツを散らす。

a　　b　　c　　d

► たれをアレンジ
にらトマトだれ

隠し味にカレー粉を加えた、エスニック味。
子どもにもおすすめです。

にら（小口切り）10g、トマト（5mm角）¼個、鶏肉の蒸し汁、しょうゆ、ごま油各大さじ1、砂糖小さじ½、カレー粉ふたつまみを混ぜる。

よだれ鶏

加熱時間 **6** 分　中国・四川省の名物料理。「よだれが出るほどおいしい」ことからこの名に。
Anydayで作れば、ふっくらジューシーで本格的な仕上がりに。
蒸し汁を加えた絶品ピリ辛だれでいただきます。

鶏肉の照り焼き

加熱時間 **11** 分

ふたをせずに加熱します。鶏肉に調味料が照りよくしっかりとからみ、まるで焼いたような仕上がりに。
晩ごはん、お弁当はもちろんおつまみにもぴったり。

材料 ●2人分　●18cm浅型ディッシュ
鶏もも肉 ... 1枚（300g）
A［みりん、しょうゆ ... 各大さじ2
　 砂糖 ... 小さじ1
大根おろし、青じそ ... 各適量

1　鶏肉は皮目をフォークで数か所刺して穴をあける。「浅型ディッシュ」に入れて**A**を加えてもみ込み、皮目を下にする（a）。
2　ふたをせずに電子レンジ600Wで7分加熱する。
3　鶏肉を裏返す（b）。同様に電子レンジでさらに4分加熱する。
4　器に食べやすく切った鶏肉を盛り、ディッシュに残った汁をかける。大根おろし、青じそを添える。

a

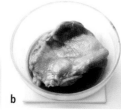
b

チーズタッカルビ

加熱時間 **10** 分

コチュジャン入りの甘辛味をからめた鶏肉と野菜に、
たっぷりのピザ用チーズをのせて加熱するだけ。
やみつきになるおいしさです。

材料 ● 2人分 ● 18cm浅型ディッシュ

鶏もも肉（一口大） ... 小1枚（250g）
キャベツ（ざく切り） ... 100g
玉ねぎ（くし形切り） ... ¼個
A ［ 塩、こしょう ... 各少々
B ［ おろしにんにく、おろししょうが
　　　　... 各½かけ
　　コチュジャン、トマトケチャップ
　　　　... 各大さじ1
　　しょうゆ ... 大さじ½
　　砂糖 ... 小さじ1
　　ウスターソース ... 小さじ½
ピザ用チーズ ... 40g
刻みのり ... 適量

1 鶏肉は **A** をふる。

2 「浅型ディッシュ」に**1**、キャベツ、玉ねぎを入れ、**B** を加えてよく混ぜ合わせ、ピザ用チーズを散らす（a）。

3 ふたをしてバルブを上げ、電子レンジ600Wで10分加熱する。ふたを取り、刻みのりを散らす。

a

バターチキンカレー

加熱時間 **9** 分　Anyday で調理すると香味野菜を炒めたり、長時間煮込む必要がありません。
二度に分けて材料を加熱するだけ。
数種のスパイスをブレンドして、濃厚でクリーミーな至福の味に仕上げます。

材料

- 2〜3人分 ● 16cm深型ディッシュ

鶏骨つきぶつ切り肉
　（または鶏手羽元）... 250g

A ┌ 塩 ... 小さじ⅔
　└ こしょう ... 少々

B ┌ プレーンヨーグルト、おろし玉ねぎ、
　│　トマトの水煮（缶詰・カット）
　│　　　... 各100g
　│ おろししょうが、おろしにんにく
　│　　　... 各1かけ
　│ パプリカパウダー、
　│　　ターメリックパウダー、
　│　　チリパウダー、ガラムマサラ、
　└　　クミンパウダー ... 各小さじ½

C ┌ バター（4等分）... 40g
　└ はちみつ、カレー粉 ... 各小さじ1

1 鶏肉はAをふって「深型ディッシュ」
に入れ、Bを加えてもみ込む（a）。

2 ふたをしてバルブを上げ、電子レン
ジ600Wで7分加熱する。

3 Cを加え（b）、同様に電子レンジで
さらに2分加熱する。器に盛り、あれば
ナンを添える。

a

b

ロールチキン

加熱時間 **8** 分　　蒸らし時間 **5** 分

むね肉にスライスチーズ、アスパラガスを巻いて加熱します。
白ワインをふって香り豊かに蒸し上げて。

材料 ● 2人分 ● 18cm浅型ディッシュ

鶏むね肉（皮つき）... 1枚（300g）
スライスチーズ ... 1枚
グリーンアスパラガス
　（かたい皮をむく）... 2〜3本

A ┌ 塩 ... 小さじ½
　└ 粗びき黒こしょう ... 少々

マスタード、マヨネーズ ... 各小さじ1
白ワイン ... 大さじ2

1 鶏肉は身の厚い部分に包丁を入れて
開く。Aをふり、皮目を下にして置く。
マスタード、マヨネーズをぬり、スライ
スチーズ、アスパラガスをのせて端から
巻く（a）。巻き終わりを楊枝で留める。

2 「浅型ディッシュ」に**1**を入れ、白
ワインをふる（b）。ふたをしてバルブを
上げ、電子レンジ600Wで8分加熱する。

3 電子レンジから
取り出してバルブを
下げ、そのまま5分
ほどおく。食べやす
く切って器に盛り、
好みで粗びき黒こし
ょうをふる。

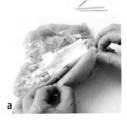
a

b

塩麹ポトフ

味つけ時間 **5** 分　　加熱時間 **10** 分

塩麹をもみ込んだ鶏肉はしっとりやわらかでうまみも増します。
野菜にも味がよくしみて、ヘルシーな洋風煮物の完成です。

材料　● 2人分　● 16cm深型ディッシュ

鶏もも肉（4等分）... 1枚（300g）

じゃがいも（皮をむいて半分）... 1個

にんじん（皮をむいて縦半分）... ¼本

玉ねぎ（くし形切り）... ¼個

塩麹 ... 大さじ4

A ┌ ローリエ ... 1枚
　│ 黒粒こしょう ... 小さじ½
　└ 水 ... ¾カップ

1　「深型ディッシュ」に鶏肉を入れ、塩麹を加えてもみ込み、5分ほどおく（**a**）。

2　**1**にじゃがいも、にんじん、玉ねぎ、Aを加える（**b**）。ふたをしてバルブを上げ、電子レンジ600Wで10分加熱する。

3　器に盛り、あれば粒マスタードを添える。

a　　　　b

鶏スペアリブとかぶのクリーム煮

加熱時間 **10** 分

鶏肉とかぶを加熱してやわらかくなったら、生クリームを加えて仕上げます。
ワインやバゲットによく合う、おしゃれな一品。

材料 ● 2人分 ● 16cm深型ディッシュ
鶏スペアリブ＊ ... 8本
かぶ（皮をむいて六つ割り）... 2個
しめじ（ほぐす）... 50g
A ┌ ローリエ ... 1枚
　│ 白ワイン ... ¼カップ
　│ 塩 ... 小さじ½
　└ 粗びき黒こしょう ... 少々
生クリーム ... ¾カップ
かぶの葉（3cm幅）... 30g
＊手羽中を半分に切ったもの。

1 「深型ディッシュ」に鶏スペアリブ、かぶ、しめじ、Aを入れる（a）。

2 ふたをしてバルブを上げ、電子レンジ600Wで8分加熱する。

3 **2**に生クリーム、かぶの葉を加える（b）。同様に電子レンジでさらに2分加熱する。

a

b

煮豚

加熱時間 **22** 分

鍋で作ると長時間かかる煮豚も、Anydayならほったらかし、
短時間の加熱でOK。途中で肉の上下を返し、ペーパータオルをのせて
加熱するのがポイントです。味も加熱もむらなく、しっかり味に。

a

b

c

材料

- 3〜4人分 ● 16cm深型ディッシュ
- 18cm浅型ディッシュ

豚肩ロース肉（塊・たこ糸で巻く）
　... 300〜400g
青梗菜（四つ割り）... 1株
A┌ しょうが（薄切り）... 1かけ
　│ にんにく（薄切り）... 1かけ
　│ 赤とうがらし（種を取り除く）... 1本
　│ 八角 ... 1個
　│ 酒、しょうゆ、みりん ... 各¼カップ
　│ 砂糖 ... 大さじ1
　│ オイスターソース ... 小さじ2
　└ ごま油 ... 小さじ1

1　「深型ディッシュ」に豚肉、Aを入れる（**a**）。
2　ふたをしてバルブを上げ、電子レンジ600Wで10分加熱する。取り出して上下を返し、ペーパータオルをのせる。
3　**2**をふたをせずに電子レンジで10分加熱する。冷めるまでそのままおく（**b**）。
4　青梗菜は水にくぐらせて「浅型ディッシュ」に入れる（**c**）。ふたをしてバルブを上げ、電子レンジで2分加熱する。
5　食べやすく切った**3**を器に盛り、ディッシュに残った調味料をかける。**4**を添える。

BBQスペアリブ

味つけ時間 **3** 時間　　加熱時間 **10** 分

スペアリブに調味料をしっかりもみ込んでおくのがコツ。
あとは、電子レンジで10分加熱するだけで、絶品おかずが完成です。

材料 ● 2人分　● 18cm浅型ディッシュ
豚スペアリブ ... 500g
玉ねぎ（1cm幅のくし形切り）... ½個
A ┌ 塩 ... 小さじ¼
　└ こしょう ... 少々
B ┌ おろし玉ねぎ ... ½個
　│ おろししょうが、おろしにんにく
　│ 　... 各1かけ
　│ トマトケチャップ ... 大さじ2
　│ はちみつ、しょうゆ、オリーブ油
　└ 　... 各大さじ½

1 スペアリブは**A**をふって「浅型ディッシュ」に入れ、**B**を加えてよくもみ込む（**a**）。
2 **1**に玉ねぎを加える（**b**）。ふたをして冷蔵庫に3時間ほどおく。
3 **2**のバルブを上げ、電子レンジ600Wで10分加熱する。器に盛り、あればクレソンを添える。

a　　b

酢豚

加熱時間 **7** 分 **30** 秒

豚バラ肉塊で作る、食べごたえ満点の酢豚です。
最初に豚肉を加熱して火を通し、
たっぷり野菜と調味料を加え、さらに加熱すればでき上がり。

材料 ● 2人分　● 18cm浅型ディッシュ
豚バラ肉（塊・一口大）... 200g
玉ねぎ（くし形切り）... ½個
生しいたけ（4等分）... 3枚
ピーマン（乱切り）... 2個
A ┌ 塩、こしょう ... 各少々
B ┌ おろししょうが、おろしにんにく
　│ 　... 各½かけ
　│ しょうゆ、紹興酒（または酒）
　│ 　... 各小さじ1
　└ 砂糖、ごま油 ... 各小さじ½
C ┌ 小麦粉 ... 大さじ1
　└ かたくり粉 ... 大さじ½
D ┌ トマトケチャップ、酢、砂糖
　│ 　... 各大さじ2
　│ しょうゆ ... 大さじ½
　└ 豆板醤 ... 小さじ½

1 豚肉に**A**をふって「浅型ディッシュ」に入れ、**B**を加えてもみ込む。**C**を加えてさらに混ぜ、重ならないように並べる（**a**）。
2 **1**をふたをせずに、電子レンジ600Wで2分30秒加熱する。
3 **2**に玉ねぎ、しいたけ、ピーマン、混ぜた**D**を加えて全体を混ぜる（**b**）。ふたをしてバルブを上げ、電子レンジで5分加熱する。

a　　b

豚肉のしょうが焼き

加熱時間 **5**分　大人気のしょうが焼きも、Anydayにまかせて安心。
まんべんなく加熱されて、焦げつき知らずでしっとり仕上がります。

材料 ● 2人分　● 18cm浅型ディッシュ

豚ロース薄切り肉 ... 200g

玉ねぎ（薄切り）... ½個

A ┌ おろししょうが ... 1かけ
　├ しょうゆ ... 大さじ1½
　├ みりん ... 大さじ1
　└ 砂糖 ... 小さじ1

かたくり粉 ... 大さじ½

キャベツ（せん切り）、トマト（くし形切り）
　... 各適量

a

1　「浅型ディッシュ」に豚肉を入れ、Aを加えてよくもみ込む。かたくり粉を加えてさらにもみ込み、玉ねぎを加えて混ぜる。

2　ふたをしてバルブを上げ、電子レンジ600Wで2分30秒加熱する。

3　取り出して全体を混ぜる（a）。同様に電子レンジでさらに2分30秒加熱する。

4　器に3を盛り、キャベツ、トマトを添える。

ズッキーニの豚肉巻き

加熱時間 **5** 分　細切りズッキーニのしゃきしゃきした歯ざわりを楽しみます。バターとローズマリーで風味よく、こくのある仕上がりに。

材料　● 2人分　● 18㎝浅型ディッシュ
豚ロース薄切り肉 … 10枚（200g）
ズッキーニ（4㎝長さの細切り）… 1本
A ┌ 塩 … 小さじ½
　└ 粗びき黒こしょう … 少々
バター（8等分）… 20g
ローズマリー … 2本
白ワイン … 大さじ2

1　豚肉にAをふり、ズッキーニをのせて端からくるくると巻く（a）。巻き終わりを下にして「浅型ディッシュ」に並べる。

2　1にバターをのせ、ローズマリーをちぎりながら散らして白ワインをふる（b）。

3　ふたをしてバルブを上げ、電子レンジ600Wで5分加熱する。

a

b

肉じゃが

加熱時間 **15** 分　蒸らし時間 **10** 分

ディッシュに食材と調味料を入れて加熱するだけ。
肉を炒める手間も、火加減の調整もいっさい不要。驚きの仕上がりです。

材料 ● 2人分　● 16cm深型ディッシュ

豚こま切れ肉 ... 120g
じゃがいも（一口大）... 250g
玉ねぎ（1cm幅のくし形切り）... ¼個
さやいんげん（3等分）... 40g
A ┌ 酒、みりん、しょうゆ ... 各大さじ2
　└ 砂糖 ... 大さじ1
だし汁 ... ¾カップ

1 「深型ディッシュ」にじゃがいも、玉ねぎ、いんげんを入れ、豚肉を広げてのせる。混ぜた A を加え、だし汁を注ぎ入れる（**a**）。

2 ふたをしてバルブを上げ、電子レンジ600Wで15分加熱する。

3 電子レンジから取り出して全体を混ぜる（**b**）。バルブを上げたままふたをして10分ほどおき、味をなじませる。

a

b

豚肉のトマト煮

加熱時間 **15** 分

本格煮込みも電子レンジで15分、まかせっぱなしでOKです。
トマトの水煮と赤ワインで煮たリッチな味わいが魅力。

材料

● 2〜3人分　● 16cm深型ディッシュ

豚肩ロース肉（塊・一口大）... 250g
玉ねぎ（くし形切り）... ½個
にんにく（薄切り）... 1かけ
A ┌ 塩、こしょう ... 各少々
B ┌ ローリエ ... 1枚
　│ トマトの水煮（缶詰・カット）
　│ 　... 1カップ
　│ 赤ワイン ... 大さじ2
　│ 砂糖 ... 小さじ1
　│ 塩 ... 小さじ½
　└ 粗びき黒こしょう ... 適量

1 豚肉はAをふって「深型ディッシュ」に入れ、玉ねぎ、にんにく、Bを加えて混ぜる（a）。

2 ふたをしてバルブを上げ、電子レンジ600Wで15分加熱する。

3 器に盛り、あればパセリのみじん切りを散らす。

a

かぼちゃの牛肉巻き蒸し

加熱時間 **7** 分　牛薄切り肉でかぼちゃ、パプリカをそれぞれ巻きます。
あとはにんにくとしょうがをきかせた甘辛だれをかけて電子レンジで加熱するだけ。
それをレタスでくるんでパクリ。白いご飯にも、ビールにもよく合います。

材料 ● 2人分 ● 18cm浅型ディッシュ

牛薄切り肉 ... 8枚（約200g）

かぼちゃ（5mm厚さの薄切り）... 4枚

パプリカ（赤・縦4等分）... ½個

A⌈ 塩、こしょう ... 各少々

B⌈ おろししょうが、おろしにんにく
　　　... 各½かけ
　　おろし玉ねぎ ... 30g
　　しょうゆ ... 大さじ1
　　みりん、酒 ... 各大さじ½
　　酢、砂糖、ごま油、白すりごま
　　⌊ ... 各小さじ1

サニーレタス ... 適量

1 牛肉を広げてAをふり、かぼちゃ、パプリカをそれぞれ1切れずつのせて端からくるくると巻く。巻き終わりを下にして「浅型ディッシュ」に並べ、混ぜたBをかける（a）。

2 ふたをしてバルブを上げ、電子レンジ600Wで7分加熱する。

3 器に盛ってサニーレタスを添える。

a

牛肉と蓮根のクミンバター蒸し

加熱時間 **5** 分　粗くたたいた蓮根の食感が楽しい、おいしい。
バターじょうゆとクミンで、ちょっと新しい味わいに仕上げました。

材料 ● 2人分 ● 16cm深型ディッシュ

牛切り落とし肉 ... 150g

蓮根（めん棒でたたいて一口大）... 200g

しめじ（ほぐす）... 50g

A⌈ 塩 ... 小さじ½
　⌊ こしょう ... 少々
　⌊ クミンシード ... 5ふり

B⌈ 酒、みりん、しょうゆ、サラダ油
　⌊ ... 各小さじ1

バター ... 20g

1 牛肉はAを加えてもむ。Bを加えてさらにもみ込む。

2 「深型ディッシュ」に蓮根、しめじを入れ、**1**を広げてのせる。バターをちぎって散らす（a）。

3 ふたをしてバルブを上げ、電子レンジ600Wで5分加熱する。

4 よく混ぜて器に盛り、あれば万能ねぎの小口切りを散らす。

a

青椒牛肉絲

<small>チン ジャオ ニュー ロー スー</small>

加熱時間 **5** 分

Anyday は、しゃきっとした食感の炒め物も得意中の得意。
牛肉にしっかりと調味料をもみ込んで、細切りピーマンと加熱するだけで本格的な味わい。

材料 ● 2人分 ● 18cm浅型ディッシュ

牛切り落とし肉 ... 150g

ピーマン（細切り）... 4個

A ┌ 赤とうがらし（小口切り）
  │   ... ひとつまみ
  │ おろししょうが ... 1かけ
  │ オイスターソース ... 大さじ1
  │ ごま油 ... 小さじ2
  └ 酒、しょうゆ、みりん ... 各小さじ1

1 「浅型ディッシュ」に牛肉を入れ、
A を加えてもみ込む。

2 **1** にピーマンを加えて混ぜる（a）。
ふたをしてバルブを上げ、電子レンジ
600Wで5分加熱する。

a

肉豆腐

水きり時間 **10** 分　加熱時間 **8** 分

素材のうまみがしみじみと堪能できる一品です。
甘辛い煮汁ごとご飯にかけて、どんぶりにしても美味。

材料　● 2人分　● 18cm浅型ディッシュ
牛薄切り肉 ... 150g
焼き豆腐（4等分）... 150g
長ねぎ（斜め切り）... ½本
生しいたけ（半分）... 3枚
A┌ しょうゆ ... 大さじ2
　│ 酒、みりん ... 各大さじ1
　└ 砂糖 ... 大さじ½
だし汁 ... ½カップ

1　ペーパータオルに焼き豆腐をのせて
10分おき、水きりをする。
2　牛肉は A を加えてもみ込む。
3　「浅型ディッシュ」に **1**、長ねぎ、
しいたけを入れ、**2**をのせてだし汁を回
しかける（a）。
4　ふたをしてバルブを上げ、電子レン
ジ600Wで8分加熱する。
5　器に盛り、好みで七味とうがらしを
ふる。

a

ホワイトストロガノフ

加熱時間 **10** 分

まず牛肉と野菜に白ワインを加えて加熱。サワークリームと牛乳を加えて
さらに加熱します。クリーミーでやさしい味わいに、ご飯がよく合います。

材料

● 2〜3人分 ● 16cm深型ディッシュ

牛切り落とし肉 ... 150g

玉ねぎ（薄切り）... ½個

マッシュルーム（薄切り）... 50g

A［塩、こしょう ... 各少々

小麦粉 ... 大さじ1

白ワイン ... ¼カップ

水 ... ½カップ

ローリエ ... 1枚

B［牛乳 ... ½カップ

　　サワークリーム ... 40g

　　塩 ... 小さじ½

ご飯 ... 適量

1 牛肉はAをふって「深型ディッシュ」
に入れ、玉ねぎ、マッシュルームを加え
る。小麦粉を加えてさっと混ぜる。

2 **1**に白ワイン、分量の水を加え、ロ
ーリエをのせる（**a**）。

3 ふたをしてバルブを上げ、電子レン
ジ600Wで8分加熱する。

4 **3**にBを加える（**b**）。同様に電子レ
ンジでさらに2分加熱する。

5 器にご飯を盛って**4**をかけ、好みで
刻んだポワブルロゼを散らす。

ビーフストロガノフ

加熱時間 **10** 分

ほんのり甘いトマト味の洋風煮込みも、10分加熱するだけ。
仕上げにバターを加えて濃厚でこくのあるおいしさに仕上げます。

材料

● 2〜3人分 ● 16cm深型ディッシュ

牛切り落とし肉 ... 150g

玉ねぎ（薄切り）... ½個

ブラウンマッシュルーム（薄切り）... 50g

A［塩、こしょう ... 各少々

小麦粉 ... 大さじ1

B［赤ワイン、トマトピューレ、水
　　　... 各½カップ
　　トマトケチャップ、ウスターソース
　　　（または中濃ソース）... 各大さじ1
　　塩、こしょう ... 各少々

ローリエ ... 1枚

バター（半分に切る）... 20g

ご飯 ... 適量

1 牛肉はAをふって「深型ディッシュ」
に入れ、玉ねぎ、ブラウンマッシュルーム
を加える。小麦粉を加えてさっと混ぜる。

2 **1**にBを加えてさっと混ぜ、ローリ
エをのせる（**a**）。

3 ふたをしてバルブを上げ、電子レン
ジ600Wで10分加熱する。バターを加
えて溶かす（**b**）。

4 器にご飯を盛って**3**をかけ、あれば
イタリアンパセリのみじん切りをふる。

麻婆豆腐

加熱時間 **9** 分 Anyday 2個を使って作る、絶品麻婆豆腐。
「深型ディッシュ」でひき肉あんを作り、「浅型ディッシュ」で手早く豆腐の水きりを行います。
長ねぎ、しょうが、にんにくをきかせた本格ピリ辛味が気軽に楽しめます。

a

b

c

材料

- 2〜3人分 ● 16cm深型ディッシュ
- 18cm浅型ディッシュ

豚ひき肉 ... 150g

A ┌ 長ねぎ（みじん切り）... ½本
　│ しょうが、にんにく（各みじん切り）
　│ 　... 各1かけ
　│ 赤とうがらし（ちぎる）... 1本
　│ 水 ... ½カップ
　│ 酒 ... 大さじ2
　│ ごま油、かたくり粉 ... 各大さじ1
　│ しょうゆ、みそ ... 各大さじ½
　│ 砂糖、豆板醤、
　│ 　鶏ガラスープのもと（顆粒）
　│ 　... 各小さじ½
　│ 塩、粉ざんしょう ... 各小さじ¼
　└ こしょう ... 少々

木綿豆腐 ... 1丁（300g）

万能ねぎの小口切り ... 適量

1 「深型ディッシュ」に豚ひき肉、**A** を入れてよく混ぜる（**a**）。ふたをしてバルブを上げ、電子レンジ600Wで7分加熱する。電子レンジから取り出して手早く全体をよく混ぜる（**b**）。

2 豆腐は1.5cm角に切ってペーパータオルを敷いた「浅型ディッシュ」に入れる（**c**）。ふたをせずに電子レンジで2分加熱する。

3 器に**2**を盛って**1**をかけ、万能ねぎを散らす。好みで粉ざんしょうやラー油をかけてもおいしい。

ガパオライス

加熱時間 **7** 分

タイで人気の本場風メニューもお手軽に。
ピリ辛の豚そぼろをご飯にかけ、温泉卵をくずしながらいただきます。

材料 ● 2人分　● 18cm浅型ディッシュ

豚ひき肉 ... 200g

A 「 赤ピーマン（5mm角）... ½個
　　玉ねぎ（みじん切り）... ½個
　　にんにく（みじん切り）... 1かけ
　　赤とうがらし（ちぎる）... 1本
　　オイスターソース、サラダ油
　　　　... 各大さじ1
　　ナンプラー ... 大さじ½
　　砂糖 ... 小さじ1
　└ こしょう ... 少々

ご飯 ... 適量

温泉卵（市販）... 2個

バジル ... 4〜5枚

1 「浅型ディッシュ」に豚ひき肉、**A**を入れてよく混ぜる（**a**）。ふたをしてバルブを上げ、電子レンジ600Wで7分加熱する。

2 バジルは飾り用に少量残し、ちぎって**1**に加えて混ぜる。

3 器にご飯を盛って**2**をかけ、温泉卵をのせる。飾り用のバジルを添える。

a

豚ひき肉とかにかまのシューマイ

加熱時間 **6** 分

Anyday の「浅型ディッシュ」は、シューマイを蒸すのに最適です。
葉物野菜を敷いてシューマイをのせ、野菜の水分でふっくらと蒸し上げます。

材料 ● 2人分 ● 18cm浅型ディッシュ
豚ひき肉 ... 150g
かに風味かまぼこ（1cm幅）... 50g
A 「長ねぎ（みじん切り）... ¼本
　　塩、こしょう ... 各少々
シューマイの皮 ... 12枚
白菜（1cm幅、4cm長さ）... 100g
しょうゆ、練りからし ... 各適量

1 「浅型ディッシュ」に水大さじ1（分量外）を入れ、白菜を広げる。
2 ボウルに豚ひき肉、ほぐしたかに風味かまぼこ、Aを入れてよく練り混ぜる。12等分のだんご状にまとめる。
3 親指と人差し指で輪を作り、シューマイの皮1枚を置く。**2**を1個のせ、包み込むように握り、形を整える（**a**）。
4 **1**に**3**を並べ入れる（**b**）。ふたをしてバルブを上げ、電子レンジ600Wで6分加熱する。しょうゆ、練りからしにつけて食べる。

a

b

材料
- 2人分　● 18cm浅型ディッシュ
- 16cm深型ディッシュ

合いびき肉 ... 200g

玉ねぎ（みじん切り）... ¼個

しめじ（ほぐす）... 80g

エリンギ（4cm長さの薄切り）... 1本

にんにく（みじん切り）... 1かけ

A┌ とき卵 ... 大さじ1
　│ パン粉 ... 大さじ3
　│ 牛乳 ... 大さじ1
　└ 塩、こしょう ... 各少々

B┌ トマトピューレ ... ½カップ
　│ 水 ... ¼カップ
　│ ウスターソース ... 小さじ2
　│ 塩 ... 小さじ½
　└ こしょう ... 少々

ローリエ ... 1枚

生クリーム ... 60㎖

1 「浅型ディッシュ」に玉ねぎを入れる。ふたをしてバルブを上げ、電子レンジ600Wで40秒加熱して粗熱を取る。

2 ボウルに合いびき肉、**1**、**A**を入れ、粘りが出るまでよく混ぜる。2等分の小判形にまとめる。

3 「深型ディッシュ」にしめじ、エリンギ、にんにくを入れ、**2**をのせる。混ぜた**B**をかけ、ローリエをのせる（**a**）。

4 ふたをしてバルブを上げ、電子レンジで8分加熱する。生クリームを加えて混ぜる（**b**）。同様に電子レンジでさらに1分加熱する。

5 器に盛り、あればイタリアンパセリのみじん切りを散らす。

煮込みハンバーグ

加熱時間 **9** 分 **40** 秒

まずハンバーグをトマトソースで煮て、そのあと生クリームを加えてさらに加熱。濃厚でこくのある味わいが口に広がります。

a

b

材料 ● 2人分 ● 16cm深型ディッシュ
● 18cm浅型ディッシュ

合いびき肉 ... 300g

A ┌ パン粉 ... 40g
　│ オリーブ油（またはサラダ油）
　│ 　 ... 大さじ2
　│ 塩 ... ふたつまみ
　└ こしょう ... 少々

B ┌ 玉ねぎ（みじん切り）... ½個
　│ とき卵 ... ½個
　│ パン粉 ... 大さじ4
　│ 牛乳 ... 大さじ2
　└ 塩、こしょう ... 各少々

リーフレタス ... 適量
とんかつソース ... 適量

1 かりかりパン粉を作る。「深型ディッシュ」にAを入れて混ぜる（a）。ふたをせずに電子レンジ600Wで1分加熱して混ぜる。これを3回ほど繰り返す。

2 ボウルに合いびき肉、Bを入れ、粘りが出るまでよく混ぜる（b）。2等分の小判形にまとめ、「浅型ディッシュ」に入れる（c）。

3 2にふたをしてバルブを上げ、電子レンジで8分加熱する。

4 器に3を盛って1をかける。リーフレタスを添え、とんかつソースをかける。

メンチカツ

加熱時間 **11** 分

ハンバーグにかりかりパン粉をかけるだけの、簡単メンチカツ。
食感がよくておいしく、低カロリーなのも魅力です。

a

b

c

材料 ● 2人分 ● 16cm深型ディッシュ
● 18cm浅型ディッシュ

ラムチョップ ... 4本

クスクス ... 120g

A┌ オリーブ油 ... 小さじ1
 └ 水 ... 120mℓ

B┌ 塩、こしょう ... 各少々

小麦粉 ... 大さじ1

C┌ おろし玉ねぎ ... 100g
 │ おろしにんじん ... 50g
 │ おろしにんにく ... 1かけ
 │ トマトジュース ... ½カップ
 │ 赤ワイン ... 大さじ2
 │ ウスターソース ... 大さじ1
 │ しょうゆ、はちみつ ... 各小さじ1
 │ パプリカパウダー ... 小さじ½
 │ 塩 ... 小さじ⅓
 └ こしょう ... 少々

ローリエ ... 1枚

ラムの煮込み クスクス添え

加熱時間 **12** 分　蒸らし時間 **5** 分

「浅型ディッシュ」に骨つきラム、トマトジュースや香味野菜を入れて10分加熱するだけ。
「深型ディッシュ」でクスクスも加熱して盛れば、おもてなしにもぴったりのメニューの完成です。

1　「深型ディッシュ」にクスクス、**A**
を入れる（**a**）。ふたをしてバルブを上げ、
電子レンジ600Wで2分加熱する。取り
出してさっと混ぜ、ふたをしてバルブを
下げ、5分ほど蒸らす（**b**）。

2　ラムチョップは筋を切って**B**をふ
り、小麦粉をまぶして「浅型ディッシュ」
に入れる。混ぜた**C**をかけ、ローリエを
のせる（**c**）。

3　**2**にふたをしてバルブを上げ、電子
レンジで10分加熱する。

4　器に**1**を盛って**3**をのせ、あればク
レソンを添える。

a　b　c

めかじきのスパイス煮

加熱時間 **10** 分

こちらは、うまみ満点のエスニックメニュー。
Anydayで魚を煮ると素材の持ち味がアップし、身がふっくら仕上がります。

材料 ● 2人分 ● 18cm浅型ディッシュ

めかじきの切り身（一口大）
　　... 2切れ（200g）
ブロッコリー（小房）... 60g
エリンギ（乱切り）... 1本
パプリカ（赤・乱切り）... ¼個
玉ねぎ（横に薄切り）... ¼個
レモン（輪切り）... 3枚
A┌ おろししょうが、おろしにんにく
　│　　... 各1かけ
　│ パプリカパウダー、ターメリック、
　│　チリパウダー ... 各小さじ¼
　│ 塩 ... 小さじ⅓
　└ こしょう ... 少々
酒 ... 大さじ3

1 めかじきは塩少々（分量外）をふり、ペーパータオルで水気をふく（**a**）。水分が残っているとくさみの原因になるので、注意。

2 「浅型ディッシュ」に**1**、ブロッコリー、エリンギ、パプリカ、玉ねぎ、レモンを入れる。**A**をふり、酒を全体にかける（**b**）。

3 ふたをしてバルブを上げ、電子レンジ600Wで10分加熱する。

ぶりの昆布蒸し

昆布のもどし時間 **5**分　加熱時間 **7**分

脂ののったぶりを昆布、長ねぎ、しょうがでシンプルに蒸します。
食材のおいしさが引き立ち、しみじみとした味わい。

材料 ● 2人分　● 18cm浅型ディッシュ
ぶりの切り身 ... 2切れ（200g）
昆布 ... 15cm
長ねぎ（斜め薄切り）... ½本
しょうが（せん切り）... 1かけ
酒 ... ¼カップ
塩 ... 小さじ¼

1 ぶりは塩少々（分量外）をふり、ペーパータオルで水気をふく。
2 「浅型ディッシュ」に昆布、酒を入れ、5分ほどおいてやわらかくする（a）。
3 **2**に長ねぎ、ぶり、しょうがの順に入れ、塩をふる（b）。
4 ふたをしてバルブを上げ、電子レンジ600Wで7分加熱する。

a

b

サーモンの白ワイン蒸し

加熱時間 **6** 分

サーモンと相性のいいディル、ケイパー、白ワインと香りよく蒸しました。
おもてなしにもおすすめのおしゃれなメニューです。

材料 ● 2人分　● 18cm浅型ディッシュ

サーモンの切り身（一口大）
　　… 2切れ（200g）
ズッキーニ（1cm幅の輪切り）… 1本
ミニトマト（へたを取り除く）… 6個
ケイパー … 大さじ1
ディル … 3本
A ┌ 白ワイン … 大さじ2
　├ 塩 … 小さじ⅓
　└ 粗びき黒こしょう … 少々

1 サーモンは塩少々（分量外）をふり、
ペーパータオルで水気をふく。

2 「浅型ディッシュ」にサーモン、ズッキーニ、ミニトマトを入れ、ケイパーを散らす。ディルをちぎりながら加え、Aを加える（a）。

3 ふたをしてバルブを上げ、電子レンジ600Wで6分加熱する。

a

たらのごまキムチ蒸し

加熱時間 **8** 分

淡泊な味わいのたらが、キムチ＋ごま油でうまみたっぷりの一品に。
仕上げにたっぷりのすりごまをふるので、香りも抜群です。

材料 ● 2人分　● 18cm浅型ディッシュ
生だらの切り身 ... 2切れ（160g）
白菜キムチ（粗みじん切り）... 80g
しめじ（ほぐす）... 100g
長ねぎ（斜め薄切り）... ¼本
A ┌ 酒 ... 大さじ2
　└ しょうゆ、ごま油 ... 各大さじ½
白すりごま ... 大さじ1

1 たらは塩少々（分量外）をふり、ペーパータオルで水気をふく。

2 「浅型ディッシュ」にしめじ、長ねぎを入れる。**1**をのせてキムチをのせ、Aをふる（a）。

3 ふたをしてバルブを上げ、電子レンジ600Wで8分加熱する。

4 器に盛ってごまをふる。

a

さばのカレーみそ煮

加熱時間 **7** 分

和風と洋風がおいしくミックスされたさばのみそ煮です。
すりおろしたトマトと玉ねぎの甘みが、ふわっとやさしく広がります。

材料 ● 2人分 ● 18cm浅型ディッシュ
さばの半身（4等分）... 1切れ（200g）
玉ねぎ ... 50g
トマト ... ½個
A ┌ 酒 ... 大さじ2
　│ みそ ... 大さじ1
　│ しょうゆ ... 大さじ½
　└ カレー粉 ... 小さじ⅓

1 さばは塩少々（分量外）をふり、ペーパータオルで水気をふく。

2 「浅型ディッシュ」に玉ねぎ、トマトをすりおろして入れる。Aを加え、だまにならないように全体をよく混ぜる（a）。

3 **2**に**1**を加える（b）。ふたをしてバルブを上げ、電子レンジ600Wで7分加熱する。

4 器に盛り、あれば九条ねぎの小口切りを散らす。

a

b

材料 ● 2人分 ● 18cm浅型ディッシュ

殻つきあさり（砂出し済み）... 200g

新じゃがいも（一口大）... 150g

グリーンアスパラガス

　（かたい皮をむいて3等分）... 3本

レモン（輪切り）... 3枚

A┌ バター（ちぎる）... 20g
　│ 酒 ... 大さじ2
　│ 塩 ... 小さじ⅓
　└ 粗びき黒こしょう ... 少々

1 「浅型ディッシュ」にじゃがいもを入れる（**a**）。ふたをしてバルブを上げ、電子レンジ600Wで4分加熱する。

2 **1**にあさり、アスパラガス、レモンを入れて**A**を加える（**b**）。

3 **2**を同様に電子レンジでさらに5分加熱する。

a

b

あさりとポテトのレモンバター蒸し

加熱時間 **9** 分

ほっくり蒸したじゃがいもに、あさりとアスパラのうまみ、バターの濃厚なこくがよく合います。ワインのお供にもおすすめです。

材料 ● 2人分 ● 18cm浅型ディッシュ

白身魚の切り身（すずきや鯛など）
　　　... 2切れ（160g）

ミニトマト（へたを取り除く）... 8個

玉ねぎ（横に薄切り）... ¼個

パプリカ（黄・乱切り）... ½個

にんにく（薄切り）... 1かけ

ブラックオリーブ ... 8粒

A ┌ オリーブ油 ... 小さじ2
　│ 白ワイン ... 大さじ2
　│ 塩 ... 小さじ⅓
　└ 粗びき黒こしょう ... 少々

セージ ... 6枚

1 白身魚は塩少々（分量外）をふり、ペーパータオルで水気をふく。

2 「浅型ディッシュ」に**1**、ミニトマト、玉ねぎ、パプリカ、にんにく、ブラックオリーブを入れ、**A**を加える。セージをちぎりながら散らす（a）。

3 ふたをしてバルブを上げ、電子レンジ600Wで7分加熱する。

a

アクアパッツァ

加熱時間 **7** 分

アクアパッツァは、魚をにんにくや白ワイン、トマトで煮込んだ
イタリアの人気料理。Anydayなら、材料と調味料を入れて
一度の加熱で仕上がります。うまみたっぷりの蒸し汁ごといただきましょう。

えびチリかけ卵チャーハン

加熱時間 **8** 分

Anyday 2個を使って作る、えびのチリソース炒めとシンプルな卵チャーハン。
チャーハンにえびチリをかけて食べても、別々に味わってもOK。
ほったらかしでできて、焦げつきや、火加減の心配がありません。

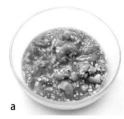
a
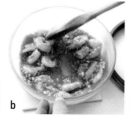
b

c

d

材料 ● 2人分 ● 18cm浅型ディッシュ ● 16cm深型ディッシュ

むきえび（背わたを取り除く）... 150g
長ねぎ（みじん切り）... 1本
ご飯 ... 300g

A ┌ 水 ... ½カップ
 │ トマトケチャップ ... 大さじ2
 │ スイートチリソース ... 大さじ1
 │ かたくり粉 ... 小さじ2
 │ ごま油 ... 小さじ1
 └ 塩、こしょう ... 各少々

B ┌ ごま油 ... 小さじ1
 │ 塩 ... 小さじ¼
 └ こしょう ... 少々

C ┌ 卵 ... 1個
 └ マヨネーズ ... 小さじ1

1 えびチリを作る。えびはかたくり粉、酒各大さじ1（各分量外）をもみ込み、水洗いをして水気をふく。

2 「浅型ディッシュ」に**1**、半量の長ねぎ、**A**を入れてよく混ぜる（**a**）。ふたをしてバルブを上げ、電子レンジ600Wで2分加熱する。

3 取り出して全体を混ぜる（**b**）。同様に電子レンジでさらに2分加熱する。

4 チャーハンを作る。「深型ディッシュ」にご飯、残りの長ねぎ、**B**を入れて混ぜる（**c**）。ふたをしてバルブを上げ、電子レンジで2分加熱する。

5 **4**に混ぜた**C**を加えて混ぜる（**d**）。ふたをせずに電子レンジで2分加熱する。器に盛り、**3**をかける。

さつま揚げとちくわぶのトッポギ風

加熱時間 **5** 分

韓国の餅トックをちくわぶでアレンジしました。
コチュジャンを使った独特の甘辛みそ味が、クセになるおいしさです。

材料 ● 2人分 ● 16cm深型ディッシュ
さつま揚げ（1.5cm幅）... 2枚
ちくわぶ（縦四つ割り、3cm長さ）
　　... 1本（160g）
玉ねぎ（薄切り）... ¼個
生しいたけ（薄切り）... 3枚
にら（3cm長さ）... 30g
A ┌ コチュジャン ... 大さじ2
　│ 水 ... 大さじ1
　│ しょうゆ、砂糖 ... 各大さじ½
　│ 鶏ガラスープのもと（顆粒）
　└ 　... 小さじ1

1 「深型ディッシュ」にさつま揚げ、ちくわぶ、玉ねぎ、しいたけ、にらを入れ、混ぜたAを加える（a）。
2 ふたをしてバルブを上げ、電子レンジ600Wで5分加熱する。ざっと全体を混ぜる。

a

PART 2

ご飯、麺

Anydayがあれば、炊飯器も大きな鍋も必要ないほど。毎日の白い炊きたてご飯、
炊き込みご飯やパエリア、パスタなどの麺類もお手の物です。

オイルサーディンのパエリア

加熱時間 **16** 分　蒸らし時間 **10** 分

目にも美しい、具だくさんのごちそうパエリアです。
オイルサーディン、あさり、たっぷり野菜のうまみがサフランライスにしみて
とびっきりのおいしさ。週末のディナーにもおすすめです。

材料　● 2人分　● 18cm浅型ディッシュ
米 ... 1合（150g）
オイルサーディン ... 6切れ
殻つきあさり（砂出し済み）... 6個
玉ねぎ（5mm角）... ¼個
パプリカ（赤・5mm角）... ¼個
グリーンアスパラガス
　（かたい皮をむき、3等分）... 2本
A ┌ サフラン ... ひとつまみ
　└ 水 ... 1カップ
B ┌ カレー粉 ... 小さじ¼
　│ 塩 ... 小さじ⅓
　└ こしょう ... 少々

1　米は洗って水気をきり、「浅型ディッシュ」に入れる。Aを加える（**a**）。
2　**1**に汁気をきったオイルサーディン、あさり、玉ねぎ、パプリカ、Bを加える（**b**）。ふたをしてバルブを上げ、電子レンジ600Wで13分加熱する。
3　**2**にアスパラガスを放射状にのせる（**c**）。同様に電子レンジでさらに3分加熱する。
4　電子レンジから取り出してペーパータオルをはさみ、ふたをしてバルブを下げ、10分ほど蒸らす（**d**）。あれば、くし形切りのライムを添える。

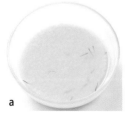
a

b

c

d

炊き込みタコライス

加熱時間 **16** 分　蒸らし時間 **10** 分

トマト味のひき肉そぼろを、米と一緒に炊き込みました。
うまみがしみたご飯にレタス、アボカド、チーズをたっぷりトッピング。

材料 ● 2人分 ● 16cm深型ディッシュ

米 ... 1合(150g)

A ┌ 合いびき肉 ... 100g
　　玉ねぎ(みじん切り) ... ¼個
　　トマトの水煮(缶詰・カット) ... 100g
　　水 ... 140ml
　　チキンコンソメ(顆粒)、塩
　　　... 各小さじ½
　　チリパウダー、ドライオレガノ、
　　　クミンパウダー ... 各5ふり
　└ こしょう ... 少々

レタス(細切り) ... 2枚

アボカド(角切り) ... ½個

タコチップ ... 20g

シュレッドチーズ ... 20g

1 米は洗って水気をきる。

2 「深型ディッシュ」にAを入れて混ぜ、**1**を加えて混ぜる(**a**)。ふたをしてバルブを上げ、電子レンジ600Wで16分加熱する。

3 電子レンジから取り出してペーパータオルをはさみ、ふたをしてバルブを下げ、10分ほど蒸らす。

4 器に**3**を盛り、レタス、アボカドをのせ、タコチップを粗く砕きながら散らす。チーズをかけ、よく混ぜて食べる。

a

レンズ豆のピラフ

加熱時間 **16** 分　　蒸らし時間 **10** 分

レンズ豆のほくっとした食感が楽しめるピラフです。
仕上げにオリーブを加えて蒸らすので、独特のうまみも加わります。

材料 ● 2人分　● 16cm深型ディッシュ

米 ... 1合(150g)

レンズ豆(皮つき) ... 30g

ベーコン(1cm幅) ... 2枚

玉ねぎ(みじん切り) ... ¼個

ローリエ ... 1枚

グリーンオリーブ(輪切り) ... 30g

A ┌ 水 ... 250mℓ
　├ 塩 ... 小さじ½
　└ 粗びき黒こしょう ... 少々

1　米は洗って水気をきる。レンズ豆は洗って水気をきる。

2　「深型ディッシュ」に**1**、ベーコン、玉ねぎ、**A**を入れ、ローリエをのせる(**a**)。

3　ふたをしてバルブを上げ、電子レンジ600Wで16分加熱する。

4　電子レンジから取り出してグリーンオリーブを加えて混ぜる(**b**)。ペーパータオルをはさみ、ふたをしてバルブを下げて、10分ほど蒸らす。

5　器に盛り、あればイタリアンパセリの粗みじん切りを散らす。

a

b

鶏肉とごぼうの炊き込みご飯

浸水時間 **30** 分　　加熱時間 **16** 分　　蒸らし時間 **10** 分

鶏もも肉、油揚げ、ごぼう、しいたけ。うまみの出る食材を
ふんだんに使うのでだし汁いらず。みりん、しょうゆで味をまとめました。

材料　● 2人分　● 16cm深型ディッシュ

米 ... 1合（150g）

鶏もも肉（小さめ一口大）... 60g

油揚げ（細切り）... ½枚

ごぼう（ささがき）... 30g

生しいたけ（薄切り）... 1枚

A ┌ 水 ... 210mℓ
　├ みりん、しょうゆ ... 各小さじ 2
　└ 塩 ... 小さじ ¼

1　米は洗ってかぶるくらいの水につけて30分おく。ざるに上げて水気をきる。

2　「深型ディッシュ」に**1**を入れ、**A**を加えてさっと混ぜ、鶏肉、油揚げ、ごぼう、しいたけをのせる（a）。

3　ふたをしてバルブを上げ、電子レンジ600Wで16分加熱する。

4　電子レンジから取り出してペーパータオルをはさみ、ふたをしてバルブを下げ、10分ほど蒸らす。さっくりと全体を混ぜる。

a

たけのこご飯

浸水時間 **30** 分　　加熱時間 **16** 分　　蒸らし時間 **10** 分

しみじみおいしい炊き込みご飯。仕上げに絹さやとバターを加えて、
風味豊かに仕上げます。一緒に炊き込んだ昆布もいただきます。

材料 ● 2人分　● 16cm深型ディッシュ

米 ... 1合（150g）

たけのこの水煮 ... 100g

昆布（1cm幅）... 10cm

水 ... 220㎖

A［ みりん、薄口しょうゆ ... 各大さじ1

B［ 絹さや（筋を取って斜め半分）... 6枚
　　 バター ... 10g

1　米は洗ってかぶるくらいの水につけて30分おく。ざるに上げて水気をきる。

2　「深型ディッシュ」に分量の水を入れ、昆布を加えてつけておく。

3　たけのこは下のほうはいちょう切り、穂先はくし形に切る。

4　**2**に**1**、**A**を入れて混ぜ、**3**をのせる（**a**）。ふたをしてバルブを上げ、電子レンジ600Wで16分加熱する。

5　電子レンジから取り出して**B**を加える（**b**）。全体を混ぜてペーパータオルをはさみ、ふたをしてバルブを下げ、10分ほど蒸らす。

a

b

鮭と梅干しのおこわ

浸水時間 **30** 分   加熱時間 **16** 分   蒸らし時間 **10** 分

もっちりとやさしい甘みのもち米に、塩鮭、昆布のうまみがじっくり。
梅干しの酸味が全体をおいしくまとめます。

材料 ● 2人分 ● 16cm深型ディッシュ

もち米 ... 1合(150g)

甘塩鮭 ... 1切れ(100g)

梅干し ... 1個

しめじ(ほぐす) ... 30g

刻み昆布(乾燥・さっと洗う) ... 5g

水 ... 250ml

1 もち米は洗ってかぶるくらいの水につけて30分おく。ざるに上げて水気をきる。

2 「深型ディッシュ」に**1**を入れて分量の水を加え、鮭、梅干し、しめじ、昆布をのせる(**a**)。

3 ふたをしてバルブを上げ、電子レンジ600Wで16分加熱する。

4 電子レンジから取り出して鮭の皮と骨、梅干しの種を取り除き、全体を混ぜる(**b**)。ペーパータオルをはさみ、ふたをしてバルブを下げ、10分ほど蒸らす。さっくりと全体を混ぜる。

a
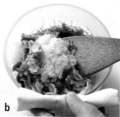
b

きのこのリゾット

加熱時間 **12** 分 **30** 秒

アルデンテに仕上げる本格的なリゾットです。
仕上げに生クリームと粉チーズを加えて、こくのある味わいに。

材料 ● 2人分 ● 16cm深型ディッシュ

米 ... 1合(150g)

豚ひき肉 ... 100g

エリンギ(4cm長さの薄切り) ... 50g

玉ねぎ(みじん切り) ... ½個

A ┌ 白ワイン ... 大さじ2
　└ 塩 ... 小さじ½

水 ... 1カップ

ローリエ ... 1枚

B ┌ 生クリーム ... ½カップ
　└ 粉チーズ ... 大さじ2

1 米はさっと洗い、ざるに上げて水気をきる。

2 「深型ディッシュ」に**1**、豚ひき肉、エリンギ、玉ねぎ、**A**を入れて混ぜる。分量の水を加えて、ローリエをのせる(**a**)。

3 ふたをしてバルブを上げ、電子レンジ600Wで12分加熱する。

4 電子レンジから取り出して**B**を加える(**b**)。全体を混ぜ、同様に電子レンジでさらに30秒加熱する。

5 器に盛り、好みで粗びき黒こしょうをふる。

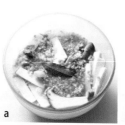
a

b

▶ 混ぜご飯にアレンジ

枝豆とみょうがの混ぜご飯

夏に食べたい、さっぱりとした味わいの一品。
食欲がないときや疲れたときにも。

材料 ● 2人分
炊きたてご飯 ... 全量
ゆでた枝豆 ... さやから出して50g
みょうが ... 1個
塩昆布 ... 10g

1 みょうがは縦半分に切って斜め薄切りにする。
2 ご飯に枝豆、**1**、塩昆布を加えて混ぜる。

炊きたてご飯

浸水時間 **30** 分　加熱時間 **16** 分　蒸らし時間 **10** 分

Anydayなら、2人分のご飯がすぐに炊けます。
出かける前に、米と水をセットしておくのがおすすめです。

材料 ● 2人分 ● 16cm深型ディッシュ
米 ... 1合（150g）
水 ... 220㎖

1 米は洗ってかぶるくらいの水につけて30分おく。ざるに上げて水気をしっかりときる。
2 「深型ディッシュ」に**1**を入れて分量の水を加える（**a**）。ふたをしてバルブを上げ、電子レンジ600Wで16分加熱する。
3 電子レンジから取り出し、全体を混ぜる。ペーパータオルをはさみ、ふたをしてバルブを下げ、10分ほど蒸らす。さっくりと全体を混ぜる。

a

▶ 混ぜご飯にアレンジ

アボカドと
キドニービーンズの混ぜご飯

ドレッシングで調味して、
ライスサラダ感覚でいただきます。
ハムの塩気がポイント。

材料 ● 2人分

炊きたてご飯 ... 全量

アボカド（1cm角）... ½個

キドニービーンズの水煮 ... 50g

ロースハム（1cm角）... 3枚

A ┌ 白ワインビネガー（または酢）、
　　　オリーブ油 ... 各大さじ1
　　├ 塩 ... 小さじ½
　　└ こしょう ... 少々

1 キドニービーンズは水気をきる。

2 ご飯にアボカド、**1**、ハムを加え、
合わせた**A**を入れて混ぜる。

▶ 混ぜご飯にアレンジ

カシューナッツと
パクチーの混ぜご飯

オイスターソースとシナモンパウダーで
味つけをした、エスニックテイスト。

材料 ● 2人分

炊きたてご飯 ... 全量

カシューナッツ ... 50g

パクチー（2cm幅）... 20g

紫玉ねぎ（横に薄切り）... 50g

A ┌ オイスターソース ... 小さじ2
　　├ しょうゆ、砂糖 ... 各小さじ1
　　└ シナモンパウダー ... 5ふり

1 ご飯にカシューナッツ、パクチー、
紫玉ねぎを加え、合わせた**A**を入れて混
ぜる。

ツナトマトパスタ

加熱時間 **12** 分

Anydayが1個あれば、ゆで鍋もフライパンも不要です。
材料を全部入れて加熱するだけで、本格パスタが完成します。

材料 ● 1人分 ● 16cm深型ディッシュ

ショートパスタ
　（フジッリ・11分ゆで）... 100g
ツナ（缶詰）... 小1缶（70g）
トマトの水煮（缶詰・カット）... 150g
玉ねぎ（みじん切り）... ¼個
にんにく（みじん切り）... ½かけ
水 ... ¾カップ
A［赤ワイン ... 大さじ2
　 塩 ... 小さじ½
粗びき黒こしょう ... 少々

1 「深型ディッシュ」にパスタ、分量
の水を入れる。つぶしたトマト、玉ねぎ、
にんにく、**A**を加えて混ぜ、ツナをのせ
て粗びき黒こしょうをふる（**a**）。
2 ふたをしてバルブを上げ、電子レン
ジ600Wで11分加熱する。
3 電子レンジから取り出してざっと混
ぜる（**b**）。同様に
電子レンジでさら
に1分加熱する。

a

b

くるみとブルーチーズのパスタ

加熱時間 **14** 分

ブルーチーズの濃厚なソースに、香ばしいくるみがからむ、
通好みのパスタです。ミディアム～フルボディの赤ワインとよく合います。

材料 ● 1人分　● 16cm深型ディッシュ

ショートパスタ
　（コンキリエ・13分ゆで）... 100g

ブルーチーズ（ちぎる）... 30g

くるみ（砕く）... 20g

A　にんにく（みじん切り）... ½かけ
　　水 ... 1カップ
　　塩 ... 小さじ⅓
　　粗びき黒こしょう ... 少々

生クリーム ... 30g

1　「深型ディッシュ」にパスタ、Aを
入れる。ふたをしてバルブを上げ、電子
レンジ600Wで13分加熱する。

2　電子レンジから取り出してブルーチー
ズ、くるみ、生クリームを加える（a）。

3　全体を混ぜ、同様に電子レンジでさ
らに1分加熱する。

4　器に盛り、あればちぎったディルを
散らす。

a

いわしの蒲焼きパスタ

加熱時間 **12** 分

わさびとバターをきかせた、「おうちならでは」の和風パスタです。
もみのり＋貝割れ大根がおいしいアクセント。

材料 ●1人分 ●16cm深型ディッシュ

ショートパスタ

　（ペンネ・11分ゆで）... 100g

いわしの蒲焼き（缶詰）... 1缶（90g）

A ┌ にんにく（みじん切り）... ½かけ

　├ 水 ... 1カップ

　├ 塩 ... 小さじ¼

　└ 粗びき黒こしょう ... 少々

練りわさび ... 小さじ1

バター ... 10g

貝割れ大根、もみのり ... 各適量

1 「深型ディッシュ」にパスタ、Aを
入れる。ふたをしてバルブを上げ、電子
レンジ600Wで11分加熱する。

2 電子レンジから取り出していわしの
蒲焼き、わさびを加えて混ぜる（a）。

3 同様に電子レンジでさらに1分加熱
する。

4 バターを加えて混ぜ、器に盛る。根
元を切った貝割れ大根を散らし、もみの
りを添える。

a

アスパラガスとアンチョビのパスタ

加熱時間 **14** 分

アンチョビのうまみと塩気が、アスパラガスの持ち味を引き立てる、
シンプルな一品です。アスパラガスはいんげんに代えても。

材料 ● 1人分 ● 16cm深型ディッシュ
ショートパスタ
　（ファルファッレ・13分ゆで）... 100g
グリーンアスパラガス ... 2本
アンチョビ（みじん切り）... 4切れ
A「にんにく（みじん切り）... ½かけ
　｜水 ... 1カップ
　└塩 ... ひとつまみ
B「オリーブ油 ... 大さじ1
　└こしょう ... 少々

1 「深型ディッシュ」にパスタ、Aを
入れる。ふたをしてバルブを上げ、電子
レンジ600Wで13分加熱する。
2 アスパラガスはかたい皮をむき、1
cm幅の斜め切りにする。
3 電子レンジから**1**を取り出し、**2**、
アンチョビ、Bを加えて混ぜる（**a**）。
4 同様に、電子レンジでさらに1分加
熱する。

a

豚キムチうどん

加熱時間 **7** 分

凍ったままの冷凍うどんに食材と調味料を加えて加熱するだけ。
豚肉の濃いうまみ、キムチの辛みと酸味が刺激的です。

材料 ● 1人分 ● 18cm浅型ディッシュ
ゆでうどん（冷凍）... 1玉
豚こま切れ肉 ... 80g
にら（3cm長さ）... 30g
白菜キムチ（粗く刻む）... 80g
A ┌ 酒 ... 大さじ2
　├ しょうゆ ... 小さじ1
　├ 鶏ガラスープのもと（顆粒）
　└ 　... 小さじ½
温泉卵（市販）... 1個
刻みのり ... 適量

1 「浅型ディッシュ」にうどんを入れ、豚肉、にら、キムチをのせてAを加える（a）。
2 ふたをしてバルブを上げ、電子レンジ600Wで4分加熱する。
3 電子レンジから取り出して全体を混ぜる。同様に電子レンジでさらに3分加熱する。
4 器に盛り、温泉卵、刻みのりをのせる。

a

カレーうどん

加熱時間 **10** 分

ボリューム満点で、栄養がたっぷりとれます。
忙しいときのランチや夕食にも大助かり。

材料 ● 1人分 ● 16cm深型ディッシュ
ゆでうどん（冷凍）... 1玉
豚こま切れ肉 ... 50g
油揚げ（細切り）... ½枚
長ねぎ（縦半分に切って斜め切り）... ¼本
ピーマン（縦に1cm幅）... 1個
A ┌ だし汁 ... 2カップ
　└ みりん、しょうゆ ... 各大さじ1
カレールー（刻む）... 20g

1 「深型ディッシュ」にうどんを入れ、Aを加える。豚肉、油揚げ、長ねぎ、ピーマンをのせ、カレールーを加える（a）。
2 ふたをしてバルブを上げ、電子レンジ600Wで8分加熱する。
3 電子レンジから取り出して全体を混ぜ、カレールーをしっかりと溶かす（b）。同様に電子レンジでさらに2分加熱する。
4 器に盛り、好みで七味とうがらしをふる。

a

b

シーフードミックスの塩焼きそば

加熱時間 **3** 分

ビタミンもたっぷりの豆苗、しょうがをきかせた焼きそばです。
さっぱりとしているので、お酒の締めにもいいでしょう。

材料 ● 1人分 ● 18cm浅型ディッシュ
焼きそば用蒸し麺 ... 1玉
シーフードミックス
　（冷凍・解凍する）... 100g
豆苗（3cm長さ）... ½袋（正味40g）
しょうが（せん切り）... 1かけ
A┌ 酒 ... 大さじ3
　│ 鶏ガラスープのもと（顆粒）
　│ 　... 小さじ½
　│ 塩 ... 小さじ⅓
　└ 粗びき黒こしょう ... 少々
ごま油 ... 小さじ½

1 「浅型ディッシュ」に麺を入れる。
豆苗、水気をふいたシーフードミックス、
しょうがを加え、**A**を入れる（a）。

2 ふたをしてバルブを上げ、電子レン
ジ600Wで3分加熱する。

3 電子レンジから取り出してごま油を
加え、麺をほぐすように混ぜる。

a

Anydayで鍋物や汁物を作ってみませんか。食材と調味料を入れて加熱するだけ。
火加減を気にせず、あっという間に作れます。なお鍋、汁物は冷凍できません。

PART 3

鍋、汁物

ブイヤベース

浸水時間 **10** 分　　加熱時間 **10** 分ブイヤベースは、魚介をサフラン、トマト、にんにくなどで煮た、
南フランス名物の鍋料理。
Anydayなら手間ひまかけずに作れるので気楽です。

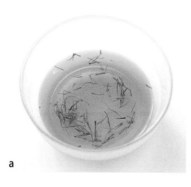

a

b

材料 ● 2人分　● 16cm深型ディッシュ

はまぐり ... 大2個

えび ... 4尾（160g）

トマトの水煮（缶詰・カット） ... ¼カップ

セロリ（みじん切り） ... ½本

にんにく（みじん切り） ... 1かけ

A ┌ サフラン ... ひとつまみ
　└ 水 ... 250ml

B ┌ ローリエ ... 1枚
　│ 白ワイン ... 大さじ3
　│ 塩 ... 小さじ⅓
　└ 粗びき黒こしょう ... 少々

1 「深型ディッシュ」に**A**を入れ、10
分ほどおいて色を出す（**a**）。

2 はまぐりはよく水洗いをし、水気を
きる。えびは背に切り込みを入れて背わ
たを取り除く。

3 **1**に**2**、つぶしたトマト、セロリ、
にんにく、**B**を入れる（**b**）。ふたをして
バルブを上げ、電子レンジ600Wで10
分加熱する。

4 器に盛り、あればセロリの葉のみじ
ん切りを散らす。

キムチチゲ

加熱時間 **10**分

豚肉と殻つきあさりから出るうまみを閉じ込めた、大入気のピリ辛鍋。
残り汁にご飯を加えて加熱し、雑炊にするのもおすすめです。

材料 ● 1人分
● 16cm深型ディッシュ

豚バラ薄切り肉(3cm幅) ... 80g
殻つきあさり(砂出し済み) ... 80g
絹ごし豆腐 ... ⅓丁(100g)
長ねぎ ... 20g
生しいたけ(薄切り) ... 2枚
にら(3cm長さ) ... 20g
白菜キムチ(2cm幅) ... 80g
A ┌ 水 ... 250mℓ
  │ オイスターソース、コチュジャン
  │   ... 各小さじ1
  │ 塩 ... 小さじ¼
  └ 粗びき黒こしょう ... 少々
ごま油 ... 小さじ½
温泉卵(市販) ... 1個

1 豆腐は食べやすく崩してペーパータ
オルにのせ、水きりをする。長ねぎは縦
四つ割りにし、3cm長さに切る。
2 「深型ディッシュ」に豚肉、あさり、
1、しいたけ、にら、キムチを入れ、**A**
を加える(a)。
3 ふたをしてバルブを上げ、電子レン
ジ600Wで10分加熱する。
4 器に盛ってごま油をかけ、温泉卵を
添える。

a

材料

● 1〜2人分　● 16cm深型ディッシュ

豚バラ薄切り肉（5cm長さ）… 150g

白菜（3cm幅のざく切り）… 300g

しょうが（せん切り）… 1かけ

A [酒 … 大さじ3

  [塩 … 小さじ¼

ぽん酢しょうゆ … 適量

1　「深型ディッシュ」に白菜を中心から放射状にきっちりと並べ入れる。

2　1の白菜と白菜の間に豚肉を入れて詰める（**a**）。しょうがを散らし、Aを加える（**b**）。

3　ふたをしてバルブを上げ、電子レンジ600Wで10分加熱する。ぽん酢しょうゆにつけていただく。

豚バラ肉と白菜のミルフィーユ鍋

加熱時間 **10** 分

時間に余裕があるときに、Anydayに材料を詰めておきましょう。
電子レンジで加熱するだけで、いつでもあつあつ、できたてが楽しめます。

a

b

チキンとキャベツのカレー鍋

加熱時間 **10** 分

鶏肉にヨーグルト＋カレー粉をからめた、インド風のスパイシー鍋です。
ご飯にかけたり、ナンをつけて食べるのもおすすめです。

材料 ● 1人分 ● 16cm深型ディッシュ

鶏もも肉(一口大) ... ½枚(150g)
キャベツ(ざく切り) ... 100g
玉ねぎ(薄切り) ... ¼個
エリンギ(4cm長さの薄切り) ... ½本
パプリカ(赤・細切り) ... ¼個
A┌ 塩、こしょう ... 各少々
B┌ おろししょうが、おろしにんにく
  └   ... 各½かけ
   プレーンヨーグルト、
   └ トマトケチャップ ... 各大さじ1
   カレー粉 ... 小さじ1
C┌ 水 ... 1½カップ
   鶏ガラスープのもと(顆粒) ... 小さじ1
   塩 ... 小さじ⅓
   └ 粗びき黒こしょう ... 少々

1 鶏肉は「深型ディッシュ」に入れ、**A**をふってもむ。混ぜた**B**を加え、手で混ぜながらよくなじませる(**a**)。

2 **1**にキャベツ、玉ねぎ、エリンギ、パプリカ、**C**を加えて混ぜる(**b**)。

3 ふたをしてバルブを上げ、電子レンジ600Wで10分加熱する。

4 器に盛り、あればルッコラを添える。

a

b

トマトすきやき

加熱時間 **8** 分

いつものすきやきにトマトを加えるとほどよい酸味と甘みが加わり、
栄養価もアップします。Anydayを食卓へ運んで召し上がれ。

材料 ● 1人分 ● 18cm浅型ディッシュ

牛薄切り肉 ... 100g

焼き豆腐（一口大）... 100g

白菜（ざく切り）... 100g

長ねぎ（1cm幅の斜め切り）... ¼本

えのきだけ（根元を切り落とす）... 50g

トマト（ざく切り）... ½個

A ┌ しょうゆ ... ¼カップ
  └ 水、酒、みりん、砂糖 ... 各大さじ2

卵 ... 1個

1 「浅型ディッシュ」にAを入れて混ぜ、焼き豆腐、白菜、長ねぎ、えのきだけを入れる。その上に牛肉を広げ、トマトをのせる（a）。

2 ふたをしてバルブを上げ、電子レンジ600Wで8分加熱する。とき卵につけていただく。

a

材料 ● 2人分 ● 16cm深型ディッシュ

えび ... 4尾（160g）

たけのこの水煮（細切り）... 50g

しめじ（ほぐす）... 50g

ミニトマト（へたを取り除く）... 6個

A ┌ しょうが、にんにく（各せん切り）
　　　　... 各1かけ
　　水 ... ¾カップ
　　ココナッツミルク ... ½カップ
　　ナンプラー ... 小さじ2
　　鶏ガラスープのもと（顆粒）
　　　　... 小さじ1
　　豆板醬 ... 小さじ½
　　└ 粗びき黒こしょう ... 少々

レモン汁 ... 小さじ2

フライドオニオン（市販）、
　　パクチー（ざく切り）... 各適量

トムヤンクン

加熱時間 **8** 分

ココナッツミルク風味のタイ風ピリ辛スープ。
レモン汁を加えてきりっと味を引き締めるのがポイントです。

1 えびは背わたを取り除き、酒少々（分量外）をふって水洗いをし、水気をきる。

2 「深型ディッシュ」に**1**、たけのこ、しめじ、ミニトマト、**A**を入れる（**a**）。

3 ふたをしてバルブを上げ、電子レンジ600Wで8分加熱する。

4 レモン汁を加えて器に盛り、フライドオニオン、パクチーを添える。

a

豚汁

加熱時間 **8** 分

定番のおかずみそ汁も Anyday で。
野菜は最初に加熱して、やわらかくしておくのがコツです。

材料 ● 2人分 ● 16cm深型ディッシュ
豚こま切れ肉 ... 100g
A ┌ ごぼう（斜め薄切り）... 40g
　│ 大根（薄いいちょう切り）... 40g
　│ にんじん（薄いいちょう切り）... 30g
　│ 里芋（1cm幅）... 50g
　└ 長ねぎ（1cm幅）... 30g
ごま油 ... 小さじ2
だし汁 ... 1½ カップ
みそ ... 大さじ1½

1 「深型ディッシュ」に**A**を入れる（**a**）。
ふたをしてバルブを上げ、電子レンジ
600Wで5分加熱する。

2 電子レンジから取り出し、豚肉、ご
ま油を加えて混ぜ、だし汁を加える（**b**）。
同様に電子レンジでさらに3分加熱す
る。みそを加えて溶きのばす。

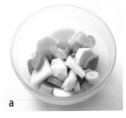

a　　　b

かす汁

浸水時間 **10** 分　　加熱時間 **10** 分

材料の鮭とばとは、細切りの鮭を干したもの。
加熱することでうまみがアップし、ぐんと食べやすくなります。

材料 ● 2人分 ● 16cm深型ディッシュ
鮭とば（ちぎる）... 40g
かぶ（くし形切り）... 100g
かぶの葉（ざく切り）... 20g
しめじ（ほぐす）... 50g
油揚げ（1.5cm幅）... ½枚
A ┌ 酒かす ... 40g
　└ 水 ... 1½ カップ
みそ ... 大さじ1

1 「深型ディッシュ」に鮭とば、**A**を
入れて10分ほどおき、やわらかくする。

2 **1**にかぶ、しめじ、油揚げを入れ、
かぶの葉をのせる（**a**）。ふたをしてバル
ブを上げ、電子レンジ600Wで10分加
熱する。

3 **2**にみそを加えて溶きのばす。

a

クラムチャウダー

加熱時間 **9**分　あさり、ベーコン、じゃがいもが定番。Anydayひとつで楽々作れます。朝食やもう一品というときにも便利です。

材料 ● 2人分　● 16cm深型ディッシュ

殻つきあさり（砂出し済み）... 200g

白ワイン ... 大さじ1

A ┌ ベーコン（1cm幅）... 1枚
　├ じゃがいも（1cm角）... 1個（150g）
　└ 玉ねぎ（1cm角）... ¼個

B ┌ 牛乳 ... 1カップ
　├ バター ... 10g
　├ 塩 ... 小さじ⅓
　└ こしょう ... 少々

1 「深型ディッシュ」にあさりを入れ、白ワインをふる。ふたをしてバルブを上げ、電子レンジ600Wで3分加熱する。あさりを取り出し、殻から身を取り出す。蒸し汁は残しておく。

2 **1**の深型ディッシュに**A**を入れ、同様に電子レンジでさらに5分加熱する。

3 電子レンジから取り出し、あさりの身、**B**を入れる（**a**）。同様に電子レンジでさらに1分加熱する。器に盛り、好みで粗びき黒こしょうをふる。

a

オートミールポタージュ

加熱時間 **4**分　注目の健康食材・オートミール。ミキサーにかけてほどよいとろみのスープに仕立てました。食物繊維たっぷりで体にもうれしい。

材料 ● 2人分　● 16cm深型ディッシュ

オートミール ... 40g

A ┌ にんじん（すりおろす）... 100g
　├ 玉ねぎ（すりおろす）... 50g
　├ 水 ... 1カップ
　└ 塩 ... 小さじ½

生クリーム ... ½カップ

B ┌ オリーブ油 ... 小さじ1
　└ 粗びき黒こしょう ... 少々

1 「深型ディッシュ」にオートミール、**A**を入れる（**a**）。ふたをしてバルブを上げ、電子レンジ600Wで3分加熱する。

2 ミキサーに**1**、生クリームを入れてなめらかになるまで回す。**1**の深型ディッシュに戻し入れる（**b**）。同様に電子レンジでさらに1分加熱する。

3 器に盛り、**B**をふる。

a

b

副菜
PART 4

Anyday で副菜を作っておき、
そのまま冷蔵庫で保存しておくと便利です。
「もう一品」というときにすぐにいただけます。

材料 ● 作りやすい分量

● 18cm浅型ディッシュ
● 16cm深型ディッシュ

にんじん（皮をむく）... ½本
セロリ（筋を取り除く）... 1本
ズッキーニ ... 1本
パプリカ（赤・1cm幅）... 1個

A ┌ にんにく（薄切り）... 1かけ
　│ 赤とうがらし ... 1本
　│ ローリエ ... 1枚
　│ 黒粒こしょう ... 小さじ1
　│ 白ワインビネガー（または酢）
　│ 　　... 1カップ
　│ 水 ... ½カップ
　│ 砂糖 ... 70g
　└ 塩 ... 大さじ½

1 にんじん、セロリ、ズッキーニは1cm幅、5cm長さの棒状に切る。

2 「浅型ディッシュ」に**1**、パプリカを入れる（a）。ふたをしてバルブを上げ、電子レンジ600Wで1分加熱する。

3 「深型ディッシュ」に**A**を入れて混ぜる（b）。ふたをしてバルブを上げ、電子レンジで2分加熱する。

4 **3**が熱いうちに**2**を加えて漬ける（c）。

カラフルピクルス

加熱時間 **3**分　Anydayの「浅型ディッシュ」で野菜を、「深型ディッシュ」でピクルス液をそれぞれ加熱し、ピクルス液が熱いうちに野菜を漬けます。そのまま保存容器として冷蔵庫に入れておけるのも便利です。

a

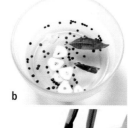
b

c

もち麦タブレ

加熱時間 **10** 分　蒸らし時間 **10** 分

独特のぱらりとした食感のもち麦をおいしく炊き上げます。
好みの野菜と組み合わせてドレッシングであえ、ライスサラダ風に。

材料

● 2〜3人分　● 16cm深型ディッシュ
もち麦 ... 100g
水 ... 1カップ
A ┌ パプリカ（赤・1cm角）... ½個
　│ 紫玉ねぎ（1cm角）... ¼個
　│ セロリ（1cm角）... 40g
　│ バジル（ちぎる）... 8枚
　│ ブラックオリーブ（輪切り）... 30g
　│ オリーブ油 ... 大さじ1
　│ レモン汁 ... 小さじ2
　│ 塩 ... 小さじ½
　└ こしょう ... 少々

1 もち麦は洗って水気をきり、「深型ディッシュ」に入れて分量の水を加える（a）。ふたをしてバルブを上げ、電子レンジ600Wで10分加熱する。電子レンジから取り出してバルブを下げ、蒸らしながら10分ほどおいて粗熱を取る。
2 **1**にAを加えて混ぜる（b）。

a

b

なすのエスニックマリネ

加熱時間 **3** 分

ふっくらやさしい味わいの蒸しなすも、驚くほど上手にできます。
香りよく歯ざわりのいい、ピーナッツ、桜えびをアクセントに。

材料

● 2〜3人分　● 18cm浅型ディッシュ
なす ... 3本（240g）
A ┌ 赤とうがらし（小口切り）
　│ 　　 ... ひとつまみ
　│ ナンプラー ... 大さじ1
　│ レモン汁 ... 小さじ2
　│ 砂糖 ... 小さじ1
　│ ごま油 ... 小さじ½
　└ こしょう ... 少々
バターピーナッツ（粗く刻む）... 30g
桜えび（乾燥）... 5g
パクチー（1cm幅）... 10g

1 なすはへたを切り落とし、ところどころ縦に皮をむく。さっと水にくぐらせて「浅型ディッシュ」に入れる（a）。
2 ふたをしてバルブを上げ、電子レンジ600Wで3分加熱する。
3 やけどをしないように注意しながら、**2**を縦に竹串で三〜四つに裂き、器に盛る。
4 **3**に混ぜたAをかけ、ピーナッツ、桜えびを散らしてパクチーを添える。

a

ズッキーニといんげんのサラダ

加熱時間 **2** 分　野菜の下ゆでも、Anyday ならスピーディ。
生ハム、モッツァレラチーズを加えてデリ風のごちそうサラダに仕立てました。

キャベツとソーセージのサラダ

加熱時間 **5** 分　ヨーグルトと塩麹を混ぜた、特製ドレッシングでいただきます。
さわやかな酸味と独特のうまみがポイント。

a

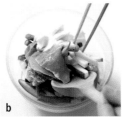
b

材料

● 2〜3人分　● 16㎝深型ディッシュ

ズッキーニ(4㎝長さの拍子木切り) … 1本

さやいんげん(長さを3等分) … 50g

A ┌ 生ハム(ちぎる) … 2枚(30g)
　├ モッツァレラチーズ(ちぎる) … 50g
　├ オリーブ油、白ワインビネガー
　│　　… 各小さじ2
　├ 塩 … 小さじ⅓
　└ 粗びき黒こしょう … 少々

1 「深型ディッシュ」にズッキーニ、いんげんを入れる(a)。ふたをしてバルブを上げ、電子レンジ600Wで2分加熱する。

2 1をペーパータオルで押さえて水気をふき、Aを加えて混ぜる(b)。

材料

● 2〜3人分　● 18㎝浅型ディッシュ

キャベツ(1㎝幅) … 200g

玉ねぎ(薄切り) … ¼個

ウインナソーセージ … 4本

A ┌ プレーンヨーグルト、塩麹
　│　　… 各大さじ1
　├ オリーブ油、レモン汁
　└　　… 各小さじ2

1 ソーセージは斜め半分に切って切り目を入れる。

2 「浅型ディッシュ」にキャベツ、玉ねぎを入れて1をのせる(a)。ふたをしてバルブを上げ、電子レンジ600Wで5分加熱する。

3 2に混ぜたAをかけて混ぜる。器に盛って好みで粗びき黒こしょうをふる。

a

ミニトマトとえびのさっと煮

加熱時間 **7** 分

ミニトマトの甘みとほのかな酸味が、きいています。
とうもろこしは缶詰を使っても、もちろんOK。

材料

● 2〜3人分　● 16㎝深型ディッシュ

ミニトマト(へたを取り除く) … 10個

とうもろこし … 1本(正味150g)

えび … 100g

A ┌ 水 … 1カップ
　└ ナンプラー、みりん … 各大さじ1

a

1 とうもろこしは実を削り取る。えびは殻をむいて背に切り込みを入れ、背わたを取り除く。

2 「深型ディッシュ」にミニトマト、1、Aを入れる(a)。ふたをしてバルブを上げ、電子レンジ600Wで7分加熱する。

オイルサーディンとポテトのホットサラダ

加熱時間 **2** 分

せん切りポテトにサーディンのうまみがしみて、格別のおいしさ。
白ワインやビールのおつまみにも最適です。

材料
- 2〜3人分　● 18cm浅型ディッシュ

オイルサーディン（缶詰）... 100g
じゃがいも（細切り）... 200g
タイム ... 3本
A ┌ 塩 ... 小さじ⅓
　└ こしょう ... 少々
レモン（くし形切り）... 1個

1 「浅型ディッシュ」にじゃがいもを入れ、オイルサーディンを缶汁ごと加えてAをふる。タイムをちぎりながら加え、さっと混ぜる（a）。
2 ふたをしてバルブを上げ、電子レンジ600Wで2分加熱する。
3 器に盛り、レモンを添える。

a

たけのことスナップえんどうのサラダ

加熱時間 **3** 分

マヨネーズ＋粒マスタードのソースをかけていただきます。
ほどよいこくと酸味、辛みのバランスが絶妙です。

a

材料
- 2〜3人分　● 16cm深型ディッシュ

たけのこの水煮 ... 150g
スナップえんどう ... 80g
玉ねぎ（くし形切り）... ½個
ベーコン（1cm幅）... 2枚
A ┌ マヨネーズ ... 大さじ2
　│ 粒マスタード、オリーブ油
　│ ... 各小さじ2
　│ 塩 ... ひとつまみ
　└ こしょう ... 少々

1 たけのこは根元のほうはいちょう切り、穂先はくし形に切る。スナップえんどうは筋を取り除く。
2 「深型ディッシュ」に**1**、玉ねぎ、ベーコンを入れる（a）。ふたをしてバルブを上げ、電子レンジ600Wで3分加熱する。
3 器に盛り、混ぜたAをかける。

かぼちゃのクリチーサラダ

加熱時間 **5** 分

甘いかぼちゃにクリームチーズのこくと塩気がよく合います。
ほんのり温かいままも、冷たくしてもおいしい。

a

材料
- 2〜3人分　● 18cm浅型ディッシュ

かぼちゃ（3cm角）... ¼個（正味300g）
A ┌ クリームチーズ ... 50g
　│ 塩 ... 小さじ½
　└ こしょう ... 少々

1 かぼちゃはさっと水にくぐらせて「浅型ディッシュ」に入れる（a）。ふたをしてバルブを上げ、電子レンジ600Wで5分加熱する。
2 **1**にAを加え、かぼちゃを粗くつぶしながら混ぜる。

豆もやしのナムル

加熱時間 **2**分　にんにく、ごま、ごま油で豆もやしをあえてパンチのある味に。
豆もやしは、歯ごたえが残るくらいに加熱するのがポイントです。

材料　●2人分　●16cm深型ディッシュ
豆もやし ... 1袋（200g）
A┌おろしにんにく ... ½かけ
　│白すりごま、ごま油 ... 各大さじ1
　│酢、しょうゆ ... 各小さじ1
　│塩 ... 小さじ½
　└こしょう ... 少々

1　豆もやしはひげ根を取り除き、「深型ディッシュ」に入れる（a）。ふたをしてバルブを上げ、電子レンジ600Wで2分加熱する。
2　**1**の粗熱を取って水気を絞り、混ぜた**A**を加えてあえる。
3　器に盛り、好みで糸切りとうがらしを添える。

a

にんじんのかりかりパン粉かけ

加熱時間 **7**分**30**秒　Anydayの「浅型ディッシュ」でかりかりパン粉を作り、「深型ディッシュ」でにんじんの下ゆでをします。香ばしいカレー風味のパン粉がアクセント。

材料　●2〜3人分
● 18cm浅型ディッシュ
● 16cm深型ディッシュ
にんじん ... 大1本（200g）
パン粉 ... 30g
バター（ちぎる）... 15g
A┌粉チーズ、オリーブ油 ... 各大さじ1
　│カレー粉 ... 小さじ¼
　│塩 ... ふたつまみ
　└こしょう ... 少々
塩 ... ふたつまみ

1　かりかりパン粉を作る。「浅型ディッシュ」にパン粉を入れ、バターをのせる（a）。ふたをせずに電子レンジ600Wで30秒ほど加熱する。バターが溶けたら**A**を加えて混ぜる。同様に1分加熱しては混ぜる、を3回ほど繰り返す。
2　にんじんは皮をむき、1cm幅に切って「深型ディッシュ」に入れる（b）。塩を加え、ふたをしてバルブを上げ、電子レンジで4分加熱する。
3　器に**2**を盛って**1**をかけ、あればちぎったセージを散らす。

a

b

ブロッコリーのじゃこあえ

加熱時間 **6** 分

かりかりじゃこは、ふたをせずに加熱するだけ。
サラダやあえ物、冷ややっこなどのトッピングに大活躍！

材料 ● 2〜3人分
● 18cm浅型ディッシュ
● 16cm深型ディッシュ
ブロッコリー（小房）... 200g
A ┌ ちりめんじゃこ ... 20g
　└ ごま油 ... 大さじ2
B ┌ もみのり ... 適量
　└ しょうゆ ... 小さじ2

1 かりかりじゃこを作る。「浅型ディッシュ」にAを入れる（**a**）。ふたをせずに電子レンジ600Wで2分ほど加熱する。
2 「深型ディッシュ」にブロッコリーを入れる（**b**）。ふたをしてバルブを上げ、電子レンジで4分加熱する。
3 **2**の水気をペーパータオルでふき、**1**、Bを加えてあえる。

a

b

オーブンで焼く

Anydayは、オーブンに入れて焼くこともできるので、こんな料理も得意。
電子レンジとオーブンを併用できるので、焼き時間も思いがけず短くらくちんです。
オーブン使用後は、ぬれたタオルの上や冷たいところに置かないでください。
熱衝撃を与えるとディッシュのガラスが破損する恐れがあります。

サーモンとほうれん草のキッシュ

加熱時間 **2** 分　　焼き時間 **40** 分

卵、生クリーム、粉チーズのソースで作る、濃厚な味わい。
余ったら冷蔵庫で保存、食べるときに加熱していただきましょう。

材料 ● 4人分　● 18cm浅型ディッシュ
サーモン（一口大）... 2切れ（200g）
ほうれん草（3cm長さ）... 150g
しめじ（ほぐす）... 100g
A ┌ 塩、こしょう ... 各少々
B ┌ 卵 ... 3個
　│ 生クリーム ... 1カップ
　│ 粉チーズ ... 大さじ4
　│ 塩 ... 小さじ½
　└ こしょう ... 少々

1　ほうれん草はさっと水にくぐらせて「浅型ディッシュ」に入れる。ふたをしてバルブを上げ、電子レンジ600Wで2分加熱する。水をかけて冷まし、水気を絞る。浅型ディッシュは洗って水気をふく。
2　サーモンはAをふる。
3　浅型ディッシュにバター（分量外）をぬり、**1**、**2**、しめじを入れて混ぜたBを注ぎ入れる（**a**）。
4　**3**をふたをせずに200℃に温めたオーブンで40分ほど焼く。

a

あさり入りマカロニグラタン

加熱時間 **12** 分　焼き時間 **10** 分

むきあさりと長ねぎたっぷりの
ちょっと和風テイストのグラタンです。
長ねぎの加熱、マカロニの下ゆでも
電子レンジで簡単に。

材料　●4人分　●18cm浅型ディッシュ
●16cm深型ディッシュ

あさりのむき身（缶詰）... 1缶（55g）

長ねぎ（1cm幅の斜め切り）... 1½本

ショートパスタ（マカロニ・9分ゆで）
　　... 80g

オリーブ油 ... 小さじ2

A［水 ... 1カップ
　　塩 ... 小さじ⅓

B［生クリーム ... ½カップ
　　塩、こしょう ... 各少々

ピザ用チーズ ... 50g

1 「浅型ディッシュ」に長ねぎ、オリ
ーブ油を入れる。ふたをしてバルブを上
げ、電子レンジ600Wで2分加熱する。
2 「深型ディッシュ」にパスタ、Aを
入れる。ふたをしてバルブを上げ、電子
レンジで10分加熱する。ざるに上げて
水気をきる。
3 **1**にあさり、**2**、
Bを入れて混ぜる。
ピザ用チーズを散ら
す（a）。ふたをせずに
230℃に温めたオーブ
ンで10分ほど焼く。

a

さつまいもグラタン

加熱時間 **5** 分　焼き時間 **10** 分

電子レンジとオーブンを併用して時間短縮。
さつまいもはほっくりとして、
ベーコンとチーズの塩気がおいしくマッチします。

材料　●4人分　●18cm浅型ディッシュ
さつまいも（5mm幅の半月切り）
　　... 1本（300g）

ベーコン（1cm幅）... 3枚

ピザ用チーズ ... 50g

1 「浅型ディッシュ」にさつまいもを
入れてベーコンをのせる（a）。ふたをし
てバルブを上げ、電子レンジ600Wで5
分加熱する。
2 **1**にピザ用チーズを散らす。ふたを
せずに230℃に温めたオーブンで10分
焼く。

a

電子レンジで
カンタンおやつ

Anydayがあれば、お菓子作りも手軽です。
身近な食材で作れるものをご紹介しましょう。

基本のカスタードクリーム

加熱時間 **3** 分　　冷やし時間 **1** 時間

とろり、なめらかな
本格味に仕上がります。

材料 ● 作りやすい分量
● 16cm深型ディッシュ
薄力粉 … 大さじ1
砂糖 … 大さじ4
牛乳 … 1カップ
全卵（とく）… 1個
A ┌ バニラエッセンス … 3滴
　└ バター … 5g

1　「深型ディッシュ」に薄力粉を
ふるい入れる。

2　**1**に砂糖、牛乳、卵を順に少し
ずつ加えながら泡立て器でよく混ぜ
る。ふたをしてバルブを上げ、電子
レンジ600Wで1分30秒加熱する。

3　取り出して泡立て器でよく混ぜ
る。ふたをしてバルブを上げ、電子
レンジでさらに1分30秒加熱する。

4　**3**に**A**を加え、泡立て器でさら
に混ぜる。

5　ふたについた水滴をふき取って
ペーパータオルをはさみ、ふたをし
てバルブを下げる。冷蔵庫で1時間
ほど冷やす。

▶ カスタードクリームをアレンジ

クロワッサンサンド

いちごの代わりに、バナナやキーウィフルーツなど
好みのフルーツをはさんでも。

● 1個分
クロワッサン1個は厚みを半分に切る。
カスタードクリーム適量をぬり、薄切り
のいちご1個をのせてはさむ。

▶ カスタードクリームをアレンジ

りんごのコンポート カスタード添え

加熱時間 **8** 分　　りんごのコンポート作りも電子レンジでOK。
　　　　　　　　　シナモンの豊かな香りがふわっと広がります。

材料
● 3〜4人分　● 18cm浅型ディッシュ
カスタードクリーム … 大さじ4〜5
りんご … 1個
A ┌ 白ワイン、砂糖 … 各大さじ1
　└ シナモンパウダー … 5ふり

1　りんごは8等分のくし形切りにし、
芯と種を取り除く。
2　「浅型ディッシュ」に**1**を入れて**A**
を加える（a）。ふたをしてバルブを上げ、
電子レンジ600Wで8分加熱する。
3　器に**2**を盛ってカスタードクリーム
をかけ、あればミントを添える。

a

台湾風さつまいものデザートスープ

加熱時間 **6** 分

さつまいもの自然な甘みを生かした、ココナッツミルクのスープ。
白きくらげのこりこりとした食感がアクセント。

材料 ● 4人分 ● 16cm深型ディッシュ

さつまいも（1cm幅のいちょう切り）
　… 200g

白きくらげ（乾燥）… 10g

A ┌ ココナッツミルク … 2カップ
　└ 砂糖 … 大さじ4

1 白きくらげは水につけてもどし、水気をしっかりと絞る。

2 さつまいもは水にさっとくぐらせて「深型ディッシュ」に入れる（a）。ふたをしてバルブを上げ、電子レンジ600Wで4分加熱する。

3 **2**に**1**、Aを入れて混ぜる（b）。同様に電子レンジでさらに2分加熱する。

a

b

マンゴープリン

加熱時間 **2** 分　　冷やし固める時間 **3** 時間

ふやかしたゼラチンを牛乳液で溶かすとき、
冷蔵庫で冷やし固めるときも、Anyday ひとつあればOKです。

材料 ● 作りやすい分量
● 18cm浅型ディッシュ
冷凍マンゴー（解凍する）... 400g
コンデンスミルク ... 100g
粉ゼラチン ... 3袋（15g）
水 ... 90mℓ
牛乳 ... ¾カップ

1 ミキサーにマンゴー、コンデンスミルクを入れ、なめらかになるまで回す。
2 「浅型ディッシュ」に分量の水を入れて粉ゼラチンをふり入れ、5分ほどおいてふやかす。
3 **2**に牛乳を加えてよく混ぜる（a）。ふたをしてバルブを上げ、電子レンジ600Wで2分加熱する。
4 **3**に**1**を加える（b）。よく混ぜ、ふたをしてバルブを下げ、冷蔵庫で3時間ほど冷やし固める。
5 食べやすく切って器に盛り、あればセルフィーユを添える。

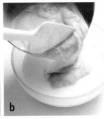

a

b

冷凍庫で冷やし固める

Anydayはアイスクリーム作りにも重宝します。
残ったら、Anydayを冷凍庫に入れておけばいいから、とても便利。
「18㎝浅型ディッシュ」、「16㎝深型ディッシュ」どちらで作っても。
液体類から作るアイスは、Anydayではできません。
凍らせると体積が膨張し、破損の原因となります。

卵とはちみつのアイス

冷やし固める時間 **5** 時間

素朴で懐かしい味わい。はちみつのすっきりとした甘みが楽しめます。

材料 ● 2～3人分
卵 ... 3個
はちみつ ... 40g

1 卵は卵白と卵黄に分ける。
2 ボウルに卵白を入れ、角が立つまでしっかりと泡立てる。卵黄、はちみつを加え（**a**）、泡立て器でよく混ぜる。
3 「浅型ディッシュ」（または深型ディッシュ）に**2**を入れる。ふたをしてバルブを下げ、冷凍庫で5時間ほど冷やし固める。途中1時間ごとに取り出して、フォークで全体をかき混ぜる（**b**）。

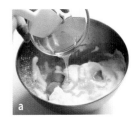
a

b

アボカドバナナアイス

冷やし固める時間 **5** 時間

濃厚なフルーツの甘みと香りがぎゅっと凝縮。アーモンドをかけてどうぞ。

材料 ● 2～3人分
アボカド ... ½個
バナナ ... 2本
ココアパウダー ... 大さじ1
アーモンド ... 適量

1 「浅型ディッシュ」（または深型ディッシュ）にアボカド、バナナ、ココアパウダーを入れ、フォークでつぶしながら混ぜる（**a**）。
2 ふたをしてバルブを下げ、冷凍庫で5時間ほど冷やし固める。途中1時間ごとに取り出して、フォークで全体をかき混ぜる（**b**）。
3 器に盛って、砕いたアーモンドを散らす。

a

b

黒ごま豆腐アイス

水きり時間 **10** 分　　冷やし固める時間 **5** 時間

練りごまのこってりとした味わい、豆腐のさっぱり感が絶妙のハーモニー。

材料 ● 2～3人分
黒練りごま ... 大さじ5
黒すりごま ... 大さじ3
絹ごし豆腐 ... ⅔丁（200g）
はちみつ ... 50g

1 豆腐はペーパータオルに包んで10分ほどおき、水きりをする。
2 「浅型ディッシュ」（または深型ディッシュ）に黒練りごま、黒すりごま、**1**、はちみつを入れ、スプーンでつぶしながらよく混ぜる（**a**）。
3 ふたをしてバルブを下げ、冷凍庫で5時間ほど冷やし固める。途中1時間ごとに取り出して、フォークで全体をかき混ぜる（**b**）。

a

b

牛尾理恵 USHIO RIE

東京農業大学短期大学部を卒業したのち、栄養士として病院の食事指導に携わる。その後、料理制作会社に勤務したのち、料理研究家として独立。手軽で簡単、すてきなレシピと盛りつけにファンも多い。また、便利な調理器具を使った、時短で役立つメニューにも定評がある。書籍、雑誌、テレビ出演など、多方面で活躍中。著書に『豆腐からおからパウダーまで!「目からウロコ」の保存＆活用術』『ホットクックだからおいしい! 絶品レシピ150』(共に文化出版局刊) など多数あり。

「Anyday は調理にはもちろん、野菜の下ゆでに使うのも便利。特に芋類やかぼちゃ。しっとりとおいしく蒸し上がるんですよ。また、ふたがあるのでラップがいらないこともうれしいポイント。ラップを広げたり、取り出したりの作業のストレスがないし、ゴミを出さないですむのが、ありがたい。ほかにカットしたフルーツや野菜などの保存容器にすると乾燥しないし、鮮度がキープされるのでおすすめです。そして何より電子レンジでの調理は、焦げついたり、火加減に注意したりの心配がなく、洗い物がぐっと少なくてすむのも大きな魅力ですね」

協力 株式会社マイヤージャパン
　　　　フリーダイヤル 0120-23-8360　www.meyer.co.jp

Anydayの購入はインターネットで。 cookanyday.jp

Anyday(エニディ)を電子レンジにかけて、すぐごはん!

2021 年 10 月 24 日　第 1 刷発行

アートディレクション　昭原修三
デザイン　植田光子
撮影　広瀬貴子
スタイリング　久保原恵理
料理アシスタント　上田浩子　高橋佳子
校閲　山脇節子
編集　園田聖絵　浅井香織(文化出版局)

著 者　牛尾理恵
発行者　濱田勝宏
発行所　学校法人文化学園 文化出版局
　　　　〒 151-8524　東京都渋谷区代々木 3-22-1
　　　　電話 03-3299-2565（編集）
　　　　　　　03-3299-2540（営業）
印刷所　凸版印刷株式会社
製本所　大口製本印刷株式会社